EDITH WHARTON
EN FRANCE

Claudine Lesage

EDITH WHARTON EN FRANCE

Les années hyéroises

Suivi de

« Plate ou gazeuse ? »

par

EDITH WHARTON

THE MOUNT PRESS

ÉDITIONS DES ÉQUATEURS

2011

Les photos présentées le sont grâce à l'obligeance de Madame Jeany Olivo pour les clichés 7, 8, 9, 10, 11, 16, 17 et 22 (documents d'archives, droits réservés) ; de Me Boudry pour le cliché 5 ; de la EWR pour les clichés 19 et 27 ; de la Beinecke Library pour les clichés 4, 23, 24 et 26. Les clichés 1, 2, 3, 6, 12, 13, 14, 15, 18, 20, 21 et 28 appartiennent à l'auteur. Toutes sont présentées en droits réservés.

Courriel : editionsdesequateurs@wanadoo.fr
Site Internet : www.equateurs.fr

Sommaire

Nous adressons tous nos remerciements à la Edith Wharton Restoration, Lenox USA, et à Madame Susan Wissler, sa directrice ; à la Mairie d'Hyères ; à la Bibliothèque Fels de l'Institut catholique de Paris et à Monsieur Vincent Morard, son bibliothécaire ; à Monsieur et Madame Jonas et Betsy Dovydenas ; à Madame Lucienne Bélugou, fille de Léon Bélugou ; à Madame Jeany Olivo, nièce de Mademoiselle Garcin ; à Maître Christophe Boudry, notaire à Hyères, et à Madame Corinne Hernandez.

Note au lecteur

Les agendas de Paul et Minnie Bourget servent de source essentielle au récit des années hyéroises d'Edith Wharton — ceux de Paul de façon épisodique, ceux de Minnie plus régulièrement. Il n'est pas en effet de jour qu'elle ne prenne la peine de remplir sa page. On sait ainsi chaque jour le temps qu'il fait, qui elle rencontre et où elle va. Et puisqu'à Hyères, elle voit Edith Wharton plusieurs fois la semaine, on sait pratiquement au jour le jour où cette dernière se trouve et en compagnie de qui ! Mais Minnie possède encore un sens psychologique aigu, et un avis précieux ou une analyse finement vue se cachent parfois au détour d'une page. Cet émiettement des réalités journalières se présente alors au biographe comme autant de minuscules pièces d'un puzzle qu'il lui faut assembler et rendre cohérentes. Sa principale difficulté consiste en conséquence à gérer les références aux sources que son honnêteté de chercheur lui dicte de fournir au lecteur. Il est ainsi des phrases où chaque mot mériterait sa note, toujours la même : « Minnie Bourget, tel jour, telle heure » — oui, l'heure est parfois précisée ! Jusqu'à ce qu'à force d'être répétée, la note devienne absurde et superflue.

Le matériau biographique découvert au fil des pages des agendas de Minnie est donc intégré au texte comme allant de soi et sans références systématiques. Quelques repères seuls ponctuent la rédaction afin que le lecteur ne perde pas pied. Quant aux gens mentionnés par Minnie, ils ne sont pas tous identifiables : certains échappent, souvent neufs dans le paysage whartonien — mais qu'on cite malgré tout. Quelques biographies anglo-saxonnes servent épisodiquement de liant, ainsi que les correspondances déjà publiées qui présentent l'avantage indéniable d'être de première main, tout comme les témoignages contemporains.

Mais la vraie révélation de cette étude des années hyéroises d'Edith Wharton viendra du rôle qu'y occupe son jardin. Et même s'il s'agit là, par la force des choses, d'un art éphémère, la disposition inchangée du sien témoigne encore aujourd'hui de son intelligence et de sa vitalité. On découvre alors que, la guerre étant passée par là, ses vraies forces créatrices abandonnent l'écriture pour survivre malgré tout au désastre et produire une autre œuvre à part entière : son jardin de la colline hyéroise.

On ne peut non plus comprendre les raisons de l'installation d'Edith Wharton à Hyères sans retracer l'amitié qui la lie aux Bourget, sans comprendre le long cheminement qui, au fil des années, lui font prendre ses distances avec les États-Unis et s'attacher chaque année davantage à son pays d'adoption, la

France. Elle commence par s'installer à Paris, y loue un appartement, puis en occupe un autre au 53, rue de Varenne et, à l'occasion de son divorce, vend sa propriété du Massachusetts. Lassée de Paris après la guerre, elle déménage en province — non pas tant pour se rapprocher du terroir et de l'âme française que pour s'en éloigner et établir un territoire sur lequel elle règne en maître, ni français ni américain, mais purement whartonien, une sorte de paradis à sa façon, ordonné et calibré sur lequel elle édicte sa loi. Dans la campagne parisienne, à Saint-Brice-sous-Forêt, la vielle dame est devenue châtelaine, autant que sur la colline hyéroise, à la villa Sainte-Claire : deux résidences et deux jardins se partagent désormais son année.

Les Bourget

Lorsqu'en janvier 1904 le fringant Teddy Wharton achète, à Paris, sa première Panhard-Levassor, c'est pour aussitôt prendre la route du Sud et rejoindre Hyères et ses amis les Bourget qui séjournent dans leur maison du Plantier, sur les hauteurs de Costebelle. Nicette, la nouvelle petite chienne de Mrs Wharton, est de l'équipée et Charles Cook leur sert de chauffeur.

Vue de France, Mme Wharton n'est alors qu'une riche Américaine, certes très cultivée, et qui se pique parfois d'écrire. Elle a déjà publié plusieurs poèmes et quelques nouvelles cependant que vient de sortir *The Valley of Decision*, un long roman historique qui a pour cadre l'Italie du Nord. Le roman qui la lancera pour de bon, *Chez les heureux du monde*, est encore dans les cartons et ne verra le jour que l'année suivante. En

France et à Paris où elle connaît peu de monde, elle ne fait que passer : c'est davantage l'Italie qui l'attire et rien pour l'instant ne laisse présager ses installations futures, non plus que l'appartement de la rue de Varenne où elle deviendra membre à part entière de la très fermée et très hautaine société du Faubourg Saint-Germain.

L'amitié qui lie les deux couples ne date pas d'hier. Ils s'étaient rencontrés pour la première fois durant l'été 1893 à Newport, station balnéaire à la mode de la côte Est des États-Unis, où la haute société new-yorkaise a ses habitudes. Paul Bourget, alors jeune écrivain au talent prometteur, venait d'être engagé par Gordon Bennett du *New York Herald Tribune* afin de rédiger une série d'articles sur les États-Unis. « J'étais venu à Newport pour un séjour de quelques jours. J'y suis resté un mois entier, participant à cette vie qui, à ma connaissance, n'a d'équivalent nulle part ailleurs », écrit-il dans son *Outre-mer, impressions d'Amérique*, un best-seller dont le retentissement en France autant qu'aux États-Unis marquera tous les esprits : « Très vite ce livre-là devint un bréviaire pour certains d'entre nous, commente Lucien Corpechot. Je me rappelle avoir fait un article où j'avançais que ce volume de Bourget avait sur notre génération l'influence que le livre de Tocqueville avait eue sur nos pères, mais dans un sens opposé ([1])*. »

Le 18 août 1893, Paul Bourget et sa jeune épouse Minnie ont donc pris l'express de 10 heures en gare de New York. Malgré les lourdes tentures de velours bleu et les tapis, la poussière les incommode fort tant le nuage est dense et la vitesse rapide ([2]). Quant au service, il n'y a rien à redire : le déjeuner produit en l'espace d'un claquement de doigts (avec son bouquet et le Nègre attaché à leur service) est fort convenable. À l'arrêt de New Haven, sur le quai de la gare, des vendeurs à la criée, hauts comme trois pommes, proposent livres et journaux, cependant que Paul note fiévreusement le schéma de la table pivotante de leur compartiment privé.

Vite arrivés, vite installés à *Leyrot Cottage*, ils explorent les lieux dès le lendemain : le casino, le chemin de fer électrique, dix parties de tennis qui se jouent en même temps sur la pelouse : tout est grandiose… L'opulence des villas, pelouses et jardins, massifs d'hortensias, terrasses jusqu'à la falaise : tout est démesure. Ils dînent bientôt chez les Wharton ([3]).

Mrs Wharton les accueille dans sa nouvelle maison de *Land's End*. Elle admire l'essayiste et partage son

* Les notes sont en fin d'ouvrage.

goût pour Stendhal et *La Chartreuse de Parme*. Minnie, la douce et maladive épouse du grand homme, la touche et l'attendrit. Elle est persuadée — avec raison — qu'une longue amitié vient de naître. « Je me rappellerai toujours cette première rencontre avec l'écrivain et avec sa jeune femme, note-t-elle plus tard. Bourget, dont la belle tête aux traits graves et tourmentés, au gai sourire, au regard perpétuellement en éveil, ressemblait à un de ces bustes vivants et vigoureux de sénateurs romains que l'on voit au musée du Capitole. Quant à sa femme, elle avait la grâce surannée d'un portrait de Winterhalter et ses grands yeux si doux étaient comme perdus dans un lointain mystérieux où l'on sentait que se passait sa vraie vie. On pouvait dire à certains égards qu'elle était toute en profondeur et lui tout en curiosités extérieures multiples et insatiables. Elle était très timide ou plutôt, je crois, peu portée à se lier facilement, à se laisser aller à des amitiés de rencontre, tandis que Bourget, explorateur infatigable de l'âme humaine, aurait pu prendre pour devise le *Homo sum* du poète (4). »

Mais Mrs Wharton ne se soucie pour l'heure que de convenances et l'homme qu'elle reçoit à sa table justifie bien qu'on y assoie aussi Deacon, peintre de son état, et Ogden Codman, l'architecte qui l'a aidée à décorer sa nouvelle résidence. Tous installés un temps au salon, la conversation va bon train : « Nous avons gagné assez d'argent pour nous permettre de faire l'artiste maintenant et nous avons perdu assez de temps, assène Codman. C'est la raison pour laquelle j'étudie actuellement le XVIIIe siècle. Mon intention est de construire des maisons dans ce style, mais avec tous les équipements modernes — l'eau, l'éclairage, l'électricité... » Ce que Bourget en pense ? « ... Quel paysage ! Admirable, n'est-ce pas ? » avait-il répondu au trop naïf architecte en désignant le *bow-window* et le panorama sur lequel il ouvrait.

Mais c'est l'Europe qui retient avant tout l'attention. Ici comme dans le reste du pays, on est au courant de tout ce qui s'y fait. Bourget pense pourtant que l'effort est décidément trop visible : on prononce le nom de Verlaine et Mrs Wharton lui demande ce qu'il pense de Maeterlinck. Soit. Le poète et l'écrivain sont à la mode : n'a-t-il pas lu, quelques jours auparavant, dans le journal de l'Université d'Harvard, une étude bien complète intitulée « Maeterlinck » ? Alors... Une connaissance solide de l'Italie, voilà ce que l'hôtesse et son couple d'invités partagent... Ah, ces *Sensations d'Italie* de M. Bourget que son hôtesse admire tant ! Bourget s'agace à la fin : ne fait-elle pas partie de ces

« intellectuelles qui ont tout lu ? — Jamais ce pays n'aura d'art ni de littérature », avait-il fort injustement pensé à part lui. Et il n'avait pas résisté à la tentation de répéter à voix haute une critique littéraire du dernier roman de Daudet qu'il avait lue à l'étal d'un libraire local : « SAPHO — ou l'histoire d'amour fatal d'une femme de mauvaise vie, par Alphonse D., un écrivain du Sud. » Tout le monde avait ri mais personne n'avait vraiment compris.

Les Bourget n'ont certes pas bouclé leur périple américain. Paul regarde les jolies femmes et les jauge à l'aune de ses préjugés pendant que Minnie se coltine les ouvrages sérieux et prend des notes : Quel pavé que *Science and a Future Life* de Myers ! La jeune femme s'y attelle pourtant… Et tous ensemble quittent Newport à la mi-septembre. « C'est après son départ de Newport que Bourget entreprit, avec le ménage John Gardner ([5]) de Boston, un grand voyage dans les États de l'Ouest », se souvient encore Edith Wharton ([6]).

Les Bourget rembarquent pour l'Europe le 15 avril de l'année suivante (1894). Presque deux ans plus tard, le 29 janvier 1896 et probablement fort des droits d'auteur français et américains que lui rapporte *Outre-mer*, Bourget signe l'acte d'achat de sa résidence hyéroise du Plantier ([7]). Henry James est le nels thés en ville, ou encore Elisina Tyler qui lui deviendra très proche dans les années d'après-guerre et dont elle fera sa principale héritière.

Mais lorsque la fatigue se fait trop sentir, il faut bien prendre un peu de repos et ses distances avec l'horreur. En compagnie d'André Gide et de Léon Bélugou, elle entreprend de descendre en voiture jusqu'à Hyères pour y rejoindre les Bourget. Ils arrivent l'après-midi du 24 novembre 1915. Le lendemain matin, sa page écrite, Edith, flanquée de Gide et Bélugou, visite les vastes jardins du Plantier. L'après-midi, on pousse jusqu'à Toulon pour une promenade sur les quais. Le temps est superbe, le cadre pittoresque et les amis charmants. « Mes deux compagnons sont venus avec moi à Toulon », écrit-elle le 26 novembre à Elisabeth Cameron depuis un des hôtels de Costebelle. « Nous avons eu une après-midi merveilleuse. Bélugou est rentré à Paris mais Gide reste encore un ou deux jours. C'est le paradis ici et je me demande bien pourquoi la Riviera m'ennuyait tant autrefois ! […] C'est absolument délicieux de paresser au soleil et de respirer l'odeur des eucalyptus et des pins, d'arranger des boisseaux de fleurs achetées 50 centimes sous un store jaune sur un marché qui fleure bon le thon et les olives ([38]). »

« J'ai fait la connaissance de Paul Bourget, note pour sa part André Gide, le même jour, dans son journal. Il m'a reçu avec la plus grande amabilité. Grand besoin de séduire celui qu'il sait d'une autre génération, d'un autre camp, d'un autre bord...

» — Pour rentrer ici, Monsieur Gide, m'a-t-il dit d'abord, vous n'aurez pas besoin de passer par la *Porte étroite*.

» Cela ne voulait proprement rien dire, mais marquait de la cordialité. Et, peu de temps après, il a trouvé le moyen de faire allusion à mon *Immoraliste* ; puis, revenant, après que Mrs Wharton nous eut laissés quelques instants pour aller voir Mme Bourget qu'une indisposition retenait dans sa chambre :

» — Maintenant que nous voici seuls, apprenez-moi, Monsieur Gide, si votre Immoraliste est ou n'est pas un pédéraste ?

» Et comme je reste un peu interloqué, il insiste :

» — Je veux dire : un pédéraste pratiquant ?

» — C'est sans doute un homosexuel qui s'ignore, répondis-je, comme si je n'en savais guère trop rien moi-même ; et j'ajoutais : je crois qu'ils sont nombreux.

» Je pensais d'abord qu'il voulait ainsi me montrer qu'il avait lu mon livre ; mais il tenait surtout à m'exposer ses théories :

» — Il y a, commença-t-il, deux catégories de perversions : celles qui ressortissent au sadisme et celles qui se rattachent au masochisme. Le sadique et le masochiste, pour atteindre la volupté, ont recours l'un et l'autre à la cruauté ; mais l'un, etc. tandis que l'autre, etc.

» — Rangez-vous les homosexuels parmi les dépravés de l'un des deux genres ? demandais-je pour dire quelque chose.

» Mais à ce moment, Madame Wharton rentra et je ne pus connaître si, selon lui, l'homosexuel se rattachait au masochisme ou au sadisme. Il m'eût amusé de connaître l'avis de Mrs Wharton, si tant est qu'elle en eût un ([39]). »

« Comme elle paraît sérieuse dans son côté arbitraire et tenace, note Minnie le même jour après sa rencontre avec Edith. La durée a fait son effet sur elle. Son effort ne faiblira pas mais elle a, je crois, subi un grand changement intérieur par la rencontre de l'inévitable ([40]). »

Ces Bourget sont décidément incorrigibles de redondances pour l'un et de tristesse pour l'autre

Pourtant Gide, qui ne devait rester que deux jours, s'éternise. Paisiblement, après déjeuner, on explore la campagne environnante aussi loin que Saint-Pierre-des-Horts. On excursionne jusqu'à Hyères pour des courses. Robert Norton ([41]) arrive à Toulon par le train le 4 décembre. Edith l'emmène pour de longues virées en automobile, tantôt vers Léoube avec sa lumière toute grecque de beauté pure, tantôt dans la vallée de Belgentier ou jusqu'à Porquerolles par le courrier de La Tour Fondue. Le Père Gautier n'est plus là, qui les faisait traverser dans sa barque, se souvient Minnie. Ni Melchior de Vogüé ([42]) à qui ils rendaient autrefois visite sur son île de Port-Cros pendant que « les landaus, alignés sur la crête, attendaient leur retour pour les ramener à Hyères ». Pauvre Minnie, clouée au lit pendant que les autres, épuisés mais ravis, reviennent, les joues rougies par le grand air, d'une promenade aller-retour aux Mèdes.

À leur retour, les attend un télégramme annonciateur de mauvaises nouvelles : Henry James vient de faire une attaque qui l'a laissé partiellement paralysé. Que faire ? Se rendre en Angleterre ? C'est impossible et Edith décide d'attendre sur place d'autres nouvelles. Le 6 décembre, André Gide est toujours là et

Théo Van Rysselbergue ([43]) arrive du Lavandou pour déjeuner, mais le cœur n'y est plus et tous sont sur le départ.

Épuisée enfin par l'effort que demande cette guerre qui s'éternise, Edith redescend dans le Midi, s'arrêtant le 15 février 1918 dans les environs de Marseille, chez les Pastré, dans leur propriété de Montredon ([44]) — une simple halte avant de rejoindre l'Hôtel Costebelle à Hyères.

Le froid, le vent, la pluie ne l'empêchent pas de battre la ville : elle cherche un pied-à-terre, une maison à louer ou à acheter et s'est adressée à la Société immobilière hyéroise, celle qui, au 42, avenue des Îles-d'Or à Hyères, gère les terrains de feu Alfred R. Pechiney ([45]). Elle visite la villa des Rochers et la récuse malgré sa vue superbe, car elle est trop mal disposée. Sans de vraies nouvelles de Paris, elle n'a pas la tête aux visites et se morfond. Tous s'inquiètent des raids allemands sur la capitale et partir est un soulagement. Elle quitte Hyères le 14 mars. « Elle est à bout de forces, trop fatiguée et souffre du cœur, note Minnie qui lui a conseillé une *rest-cure* absolue ([46]). »

À Sainte-Claire

Les années de guerre ont trop requis de ses forces et, mis à part un court et magistral roman intitulé *Été*, elle a peu écrit. La guerre terminée, elle se remet au travail et dès la fin de l'année 1919 a déjà rédigé la majeure partie du *Temps de l'innocence*. Le roman, qui lui vaudra le prix Pulitzer, est publié en 1920. C'est un feu d'artifice, une réussite absolue — mais c'est la dernière. Plus aucun des écrits qui suivront, à commencer par *The Glimpses of the Moon* qui paraît en 1921, n'aura la marque du génie des productions d'avant-guerre. Le temps de *Chez les heureux du monde*, d'*Etham Frome*, de *L'Écueil* ou encore des *Beaux Mariages*, est défi[...] [...]évolu. Oh, bien sûr, on trouvera tou[...] [...] métier d'E[...]

[...]itivement ré[...]
[...]ours la marque et le métier
[...]s l'œuvre à venir, mais privée

de l'étincelle créatrice qui est celle du génie, celle qui entraîne le lecteur jusqu'aux sommets.

Telle est sa rançon payée à la guerre. Sa production littéraire aura pour but désormais de nourrir son autre passion, celle de ses maisons et, par-dessus tout, de ses jardins. Ainsi, les mille dollars que lui rapporte le Pulitzer « sont-ils particulièrement bienvenus et serviront à parachever les jardins de Sainte-Claire ([1]) » ; ainsi, le contrat mirifique signé à l'occasion de *Leurs enfants* lui permet, en 1927, d'envisager d'acheter non seulement le domaine de Sainte-Claire, mais encore toute la colline du Vieux-Château.

Sainte-Claire, 1919. — Au tout début de l'année 1919, lorsque Edith Wharton revient à Hyères sur son nouveau champ de bataille, personne ne s'est encore vraiment remis des tourments de la guerre. C'en est fini pour elle du tourbillon parisien : elle a pour projet de quitter son appartement de la rue de Varenne et de s'installer définitivement à la campagne, de partager son temps entre ses deux maisons et leurs deux jardins. L'une, le [illegible]mbe, qu'elle vient acqué[illegible] [illegible]u nord de Paris, l'autre [illegible]mpagne hyéroise.

Elle arrive à Hyères dans la soirée du 4 janvier. Son chauffeur Cook, sa secrétaire, sa femme de chambre et Robert Norton, l'accompagnent. Elle a pour projet de descendre à l'Hôtel du Parc où Minnie Bourget, déjà au Plantier pour son habituel séjour hivernal, est passée l'avant-veille afin de s'assurer que tout était en bon ordre. Lassée ce soir-là de les attendre à l'hôtel, Minnie est rentrée chez elle : les journées sont courtes et le vent s'est levé. Le lendemain, la pluie se met de la partie. Trop impatiente pour attendre plus longtemps et malgré le mauvais temps, c'est sur le chemin de l'hôtel où elle s'est aventurée en fin d'après-midi qu'elle rencontre Edith et Norton. Eux montent, elle descend et, faisant demi-tour, Minnie les ramène au Plantier pour goûter. Toute à la joie de retrouver son amie, Minnie se réjouit à l'idée de la voir chaque jour. Temps incertain, averses et trombes d'eau n'y feront rien, la semaine qui commence voit arriver pour déjeuner Edith et Norton — même si, par un temps pareil, ils partent tôt (2). Le temps ne permet rien, sinon de lire au coin du feu ou de mettre à jour sa correspondance en retard… L'occasion est donc bonne de … ieux amis : « Cher Ami, écrit-elle à Bél… us voir avant mo… vôtre ? Les…

relancer ses v…
…ugou, j'espérais vo…
…drez-vous pas ici avant le…
…es sont toujours aussi classiques

et tout le pays est parfumé de violettes et de jonquilles, comme le jour que nous sommes allés à Toulon ([3]). »

À la fin de la semaine, la tempête venue avec le vent d'est, se calme pendant que se lève le mistral. On peut enfin envisager de sortir. Edith et Norton montent en automobile jusqu'au Plantier et tous, après déjeuner, se rendent en voiture à Port-Méjean, du côté de Saint-Mandrier où la vieille Mme Latil à l'âge fort avancé et dont la verdeur fait l'admiration de tous, grand-mère de toute une tribu provençale de Joncquières, de Dugas et autres Canson, leur fait les honneurs du jardin et de la maison. Le mistral ne faiblit pas de toute la semaine suivante et s'il porte sur les nerfs, du moins permet-il les promenades. « Edith venue vers 4 h. Nous emmène amicalement prendre le thé chez elle [à l'hôtel] où nous retrouvons Norton et Suzanne Poucet ([4]). Chambre bien arrangée, étoffes et fleurs. Femme [Edith] qui ne vit pour personne d'autre & le *décor* lui est indispensable. Un *agrément* pour lieu de bonheur », note Minnie le 13 janvier. À simplement lire le décor banal d'une chambre d'... ...e a compris comment son amie fon... — celui d'un calendrier i... année en périodes ... mais figé dans

hôtel, Minni
ctionne : les rituels
immuable qui partag
ou celui d'un d
fixes

son désir de perfection — ne sont là que pour combler le vide d'une vie affective que rien ne satisfait vraiment.

Le lundi suivant, Edith les a invités à dîner au restaurant de l'hôtel. Musique et danseurs : la fête bat son plein et l'on ne s'entend plus — sans parler du repas qui est détestable. La chère Edith est hors d'elle et a bien tort puisqu'elle n'y peut mais... Les jours suivants, on se contente d'un thé ou d'un goûter, pris tantôt à l'hôtel, tantôt au Plantier : « Mercredi 22 janvier : Au thé, Edith reste assez longtemps et cela m'est bien agréable. — Dimanche 26 : Edith venue goûter. — Lundi 27 : Coupons des roses pour Edith et Suzanne Poucet dans le jardin de Costebelle. À 5 h, Edith nous envoie Cook & nous prenons le thé chez elle avec Norton et l'inévitable Suzanne Poucet, toujours loquace — Verdi, justice, progrès, mentalité. Charme de la jeunesse. Coucher de soleil aux nuages vermeils sur bleu. Mistral. Ciel pur délicieux à contempler autour des montagnes que le crépuscule veloutait. »

« Dieu merci ! À part les Bourget, nous ne connaissons personne ici », écrit Edith à Berenson. Sa lettre est aussi l'occasion d'en faire trop : « Très franchement, vous ne pouvez imaginer tout ce que la

Provence nous a offert au cours du mois passé. Jamais je ne l'ai vue si chaude, si dorée, si calme et débordante de fleurs (5). » Le vent, lui, en a profité pour repartir à l'est et rapporter avec lui, en ce premier jour de février, une pluie diluvienne qui s'est mise à tomber dès 4 heures du matin. Rien ne retient pourtant l'intrépide Edith qui, au grand plaisir de Minnie, « arrive à pied avec Norton pour prendre le thé ». Un sujet de conversation, un seul, les passionne pour l'heure : Bourget cherche une automobile d'occasion et vient d'apprendre qu'il y en a deux en vente au garage Rollet. Si Edith pouvait envoyer Cook… Elle arrive le dimanche suivant et apporte d'excellents renseignements sur une des voitures.

La première semaine de février commence sous de bien mauvais auspices : il neige. Edith qui est venue déjeuner au Plantier repart à pied et laisse sa voiture aux Bourget : ils en ont besoin pour se rendre à leur séance chez leur chiropodiste à Toulon. Ils ramèneront la voiture en début de soirée et en profiteront pour dîner avec Edith à l'hôtel. Mis à part Norton, tous ont prévu, pour le lendemain et si le temps froid et pur qui s'est installé persiste, une promenade en voiture jusqu'à la presqu'île de Giens : « Edith vient avec Suzanne Poucet nous prendre. Promenade *merveilleuse* à Giens, le long de la route qui regarde notre côté. Rien de plus enchanteur que ces salins bleus vus à travers les cannes blondes surmontées de petits panaches fauves. Des échappées montrent l'eau verte et bleue dont l'écume irisée bat les rochers. Petites barques amarrées dans des ports minuscules. Promontoire d'où l'on regarde à gauche le chenal de Porquerolles. Le *Jean-d'Agrève* longe dans la houle une ligne de côte, à droite jusqu'au cap Brun. Vue panoramique de nos bois, des hôtels, des villages », décrit Minnie, une fois rentrée de promenade.

La fin de la semaine se poursuit au même rythme, mais le dimanche suivant, la fatigue se faisant sentir, quelques flocons voletant ici et là sur un fond de ciel chargé, Edith expédie son amie Suzanne dans l'automobile jusqu'au Plantier et s'attelle à son courrier.

Conséquence de la guerre encore proche, Hyères et l'Hôtel du Parc n'ont pas retrouvé leur clientèle habituelle et Edith doit trop souvent se contenter des visites de Minnie ou de dîners en compagnie de banals voisins. Cela n'est pas forcément pour lui déplaire tant elle apprécie le calme des lieux. Ainsi le 15 mars réunit, autour de la table du Plantier, Edith, Norton et les Maurice, gens du Nord intarissables sur les Allemands et le récit de leur fuite devant les envahisseurs barbares. Une autre fois, ce sont les Bienaimé...

Le temps d'abandonner leur amie pour deux semaines, les Bourget rentrent à Paris. Cook les conduit jusqu'à la gare rejoindre leur wagon-lit au départ de Toulon. Ils seront bientôt de retour pour d'autres dîners à l'Hôtel du Parc. Le brouhaha y est habituel. Les danseurs et musiciens ne facilitent guère la conversation, mais il est aussi bien reposant de se contenter de regarder. Edith et Norton, qui reconduisent leurs invités en voiture, admirent le féerique clair de lune sur le jardin du Plantier avant de faire demi-tour et de rentrer à l'hôtel.

Ces va-et-vient continuels n'empêchent pourtant pas Edith de poursuivre ses explorations à la recherche d'un endroit où poser ses valises. Elle est retournée au bureau de la Société immobilière hyéroise afin de se renseigner sur d'autres opportunités.

Depuis la colline de Costebelle, Bourget lui a pointé, nichée parmi les arbres, une demeure abandonnée : « Nous y montâmes à pied de la vieille ville et je fus enchantée par la vue splendide de la terrasse qui domine toute la mer, du cap Bénat à la rade de Toulon. Mais lorsque je déclarai à Bourget que je voulais acheter cette maison, il en fut épouvanté, parce que personne n'y avait habité depuis cinquante ans et qu'il était sûr que jamais les fournisseurs d'Hyères ne monteraient jusque-là ([6]). »

La maison, gérée par la Société immobilière hyéroise, fait partie de l'héritage d'Alfred Pechiney. Elle est vide depuis le décès de son occupant précédent, Olivier Voutier. Sans être tout à fait une ruine, la construction consiste en un corps de bâtiment de taille moyenne, agrémenté d'un seul étage et construit entre deux tours crénelées. Tout est à faire. Certes, les toits tiennent encore, mais les murs sont décrépis et les boiseries pour le moins à repeindre. Quant à la terrasse, elle est à repaver. Mais tout cet abandon et ce désordre apparent la charment et la vue à elle seule, là-bas, au loin, jusqu'aux îles, vaut qu'on s'y arrête. L'intérieur, une fois visité, n'est guère plus brillant : ni eau, ni électricité, ni chauffage, pas une salle de bains et aucun système d'évacuation des eaux usées. Voilà ce que d'un coup d'œil expert, elle a deviné au premier regard.

Au charme de la maison et du jardin, s'ajoute encore son histoire, celle d'Olivier Voutier, son premier propriétaire et constructeur, grand voyageur en Grèce, découvreur de la Vénus de Milo et combattant de la guerre d'indépendance grecque qui, dès 1847, s'était installé à Hyères, y avait vécu trente ans et s'était fait enterrer dans le domaine de Sainte-Claire. « *How romantic !* » avait-elle dû s'exclamer en découvrant, envahie par les herbes folles et les grimpants, la tombe creusée à même le roc, derrière la tour qui domine la maison. Débarquant autrefois à Milo, lors d'une première croisière en Méditerranée, ne s'était-elle pas, à dos d'âne, avancée jusqu'au champ où Voutier avait découvert sa Vénus ? Ne s'était-elle pas, en compagnie de Teddy, assise à l'ombre d'un bosquet d'oliviers, au-dessus dudit champ, pendant qu'une jeune et jolie fille au costume traditionnel et fort avenant s'était présentée devant elle ([7]) ?

Tiendra-t-elle compte de l'avis de ses amis ? De celui de Robert Norton, sûrement : « Il découvrit Ste Claire et l'inventa avec elle et, depuis les tout débuts, lui et son charme firent partie des lieux ([8]) », note Percy Lubbock. Quant à Paul Bourget, sa colère ne le lâche pas et il ne viendra pas… C'est au diable vauvert et il a mal aux dents. Que ces dames le déposent plutôt chez son dentiste… C'est donc le vendredi 21 mars que Minnie découvre la réalité du rêve un peu fou d'Edith : « Allés avec Edith et Suzanne voir la villa Ste Claire. Charmante, inaccessible. Ancien couvent de Clarisses juché parmi les ruines du Vieux-

Château d'où l'on a une vue admirable jusque la baie, le large. Mais il faut la "truelle" d'Edith pour songer à louer cela pendant *20 ans.* » Le mauvais thé pris à l'Hôtel du Parc sur le chemin du retour n'adoucit guère son jugement : Edith s'attelle là à une tâche titanesque. Minnie lui dit-elle son sentiment qu'Edith disparaît de toute la semaine. Il est vrai que d'autres visiteurs sont arrivés à l'hôtel. « Edith nous ramène Berenson ([9]) à goûter. Il reste avec elle jusqu'à son départ. Elle est donc comme partie pour moi », constate amèrement Minnie. Les faits ne manquent pas de lui donner raison : Edith quitte bientôt Hyères en compagnie de Norton. « Je les regretterai tous deux, mais pas le précieux et très intelligent Berenson qui trouve le moyen de dire du mal du petit Serristori ([10]) », tranche Minnie.

De retour à Paris, Minnie est happée par la fièvre acheteuse : tenues d'intérieur ou tailleurs — faille, soie, dentelles rares, satin noir et crêpe de Chine l'occupent exclusivement. Elle se laisse emporter et semble vouloir rattraper des années de privations : tout ne va-t-il pas reprendre comme avant ? Edith, elle, est largement immergée dans le tourbillon des mondanités parisiennes et la rue de Varenne ne désemplit pas. Le vendredi 9 mai, les Bourget y déjeunent avec les Jusserand ([11])

auxquels s'est jointe Mrs Tyler. Le lundi suivant, les Du Bos s'ajoutent au groupe pour une conversation qui roule sur l'Europe et ses rapports avec les États-Unis. À son habitude, Charles Du Bos pontifie, affirme des opinions sans partage si bien que tous finissent par se taire ou par échanger des regards entendus à travers la table. L'atmosphère devient irrespirable, « artificielle », note Minnie à qui le malaise n'a pas manqué d'échapper. Mme Jusserand rend l'invitation en conviant ses amis à déjeuner le lundi 19. Et Minnie ce jour-là retrouve Edith, Miss Grant Richards ([12]), Paléologue et Guillemin ([13]) pour une conversation qui roule une fois encore sur la politique internationale — Guillemin ayant là-dessus des opinions bien arrêtées que Paul écoute d'une oreille condescendante. Son milieu à lui c'est davantage celui de l'Action française, des ménages Léon Daudet, Bainville ([14]), Capus ([15]), Maurras et du vieux Ribot. N'a-t-il pas prévu justement le soir même, rue d'Antin, une agape qui réunira les complices, en toute cordialité ? Ainsi des nuances s'installent qui vont bientôt se creuser en différences sans que pour autant l'amitié entre les deux femmes ne faiblisse et que jamais Minnie ne note une faille dans la gentillesse d'Edith à son égard ; Paul lui-même continue d'aller goûter chez Edith, d'y dîner à l'occasion lorsque, à la fin du mois, elle accueille sa cousine américaine Le Roy King ([16]) en l'honneur de laquelle elle a aussi invité Schlumberger, l'abbé Mugnier, Mme Homberg — très « Palace », selon Minnie qui arrive pour le café. L'après-midi du 1er juin, Paul et Minnie passent prendre Edith, Norton et le cousin King afin d'assister, à la Galerie Georges Petit, au vernissage de l'exposition que Norton donne de ses aquarelles.

Tout va-t-il vraiment reprendre comme avant ? La mort n'est-elle pas trop passée ? Le temps ne s'est-il pas figé pour eux, remplacé par un autre dont ils ignorent le rythme ? Le tourbillon qui les entraîne ne serait-il pas créé de toutes pièces et comble-t-il vraiment le vide de leurs existences ?

À la mi-juin, la saison des dîners en ville s'achève et l'on se contente d'un thé pris chez l'une ou chez l'autre : ce mardi, chez Mme de Vogüé, Minnie retrouve Schlumberger, Edith, Mme de Chaponay, Mme Vitali, G. de Castries. La semaine suivante, elle s'arrête pour prendre le thé chez Edith. Ainsi se traîne le mois de juillet, de semaine en semaine et d'un goûter à l'autre. Minnie souffre de l'extrême chaleur qui la fatigue pendant que Paul se fait toujours soigner les dents.

Enfin Edith est partie : elle disparaît du paysage parisien et s'installe définitivement à Saint-Brice que les Bourget visitent à la mi-septembre : « Chez Edith à St Brice. Sa nouvelle installation est la perfection du bibelot. "Folie XVIIIe siècle". Ingénieux commencement de jardin. Une allée mène dans un potager. Un seul étage. Mobilier un peu trop élégant pour le cadre, mais le tout très sobre. Affreux village. Aucune vue. La route par St Denis et Pierrefitte est tout à fait dépourvue de charme », note Minnie. Les apparitions d'Edith à Paris seront désormais fugitives.

Sainte-Claire, 1920. — Saint-Brice n'est pourtant que la moitié du schéma ; l'autre moitié a pour cadre ce rivage méditerranéen qu'elle rejoint à la mi-janvier 1920. Les Bourget sont déjà sur place, ainsi que Norton, arrivé quelques jours plus tôt. Alfred White, l'intendant d'Edith, débarque en estafette et annonce qu'Edith sera bientôt des leurs ([17]). Elle arrive le dimanche 18 au soir, s'installe à l'Hôtel des Palmiers pour découvrir que Madeleine Du Bos ([18]) est déjà dans la place. Dès le lendemain, Edith visite et loue Le Bocage, une propriété située à Costebelle, entre le Plantier et la ville. Quel soulagement ! Elle est ravie :

non seulement elle échappe à Madeleine Du Bos, mais l'endroit est charmant ! Entre Le Bocage et Le Plantier, des habitudes de voisinages s'installent : on prend le thé, on goûte, on dîne... La compagnie se réduit le plus souvent à Norton, à qui se joignent parfois Madeleine Du Bos ainsi que Loubie et Renée Aynard, deux jeunes voisines dont les Bourget se sont entichés. On se croise en chemin, montant ou descendant en ville. On s'arrête en passant pour une causerie sur la terrasse du Bocage. Le temps est merveilleux et les arbres bientôt en fleur. Un mois passe ainsi fort paisiblement jusqu'à ce qu'on atteigne la mi-février. « Nous avons passé notre temps à traînasser au soleil, puis le temps s'est gâté la semaine dernière. C'était plutôt une bonne nouvelle pour les jardins, mais pas pour nous qui regrettons fort nos déjeuners sur l'herbe ([19]) », écrit Edith à Berenson.

« GRAND VENT !!!!! » note Minnie le 18 février. « Allée avec Paul jusqu'au Bocage où il me laisse pendant qu'il descend à la gare déposer ses épreuves pour *L'Écho*. Je reste un peu avec Edith qui doit partir à Hyères. Paul revient et nous allons voir Mme Salino. Revu un peu la traduction d'Edith (*The Triumph of the Night*) — un travail de la chère petite Gabrielle Piaute à qui j'avais pris ces feuillets le matin. »

La période de calme s'achève : pendant que le mardi 24 février au matin Edith part pour un bref séjour à Marseille, arrive au Golf Hotel, la tribu des Parisiens, le jeune ménage Jacques et Berthe de Ganay, Dufort, Mme de Montégut, M. Sangnier, les Ferromay auxquels se joignent à l'occasion Madeleine Du Bos et Elisabeth da Costa, sans oublier les Boït, eux aussi dans les parages. Tous et toutes se rallient autour de Martine de Béhague, « une petite femme à la figure naïve et un peu gonflée, au corps élégant, qui fume des cigarettes avec je ne sais quoi de hagard qu'ont les gens trop riches en des lieux trop vastes ([20]) », et qui cherche à établir ses quartiers d'hiver sur la presqu'île de Giens. Elle deviendra bientôt, depuis sa propriété de La Polynésie dont elle rachète les terrains parcelle après parcelle, une éminente figure du groupe des hivernants hyérois. Née de Béhague, divorcée du comte de Béarn, sœur de Berthe de Ganay, elle mène désormais une vie sans contrainte. Mécène prenant sous son aile artistes, écrivains et musiciens, c'est elle qui attire Paul Valéry à Giens.

En attendant, le temps reste au beau fixe et toute l'agitation de la colonie installée au Golf Hotel n'empêche pas la poursuite de paisibles relations entre Le Plantier et Le Bocage. « 3 mars : Nous descendons Edith en ville, la prenant au passage », note encore Minnie. Il est vrai qu'Edith est fort occupée en allers et venues en ville où elle négocie les termes de son contrat de location auprès de la Société immobilière hyéroise, ainsi que la remise en état des lieux avec Léon David, l'architecte local qui lui dresse des plans.

On arrive enfin à un compromis et les pourparlers s'achèvent par la signature, le 6 mars 1920, du bail de location du castel Sainte-Claire enregistré ce même jour chez Me Irénée Allemand, notaire à Hyères ([21]). Selon les termes du contrat, elle loue dans le quartier du Vieux-Château et de Sainte-Claire, des immeubles désignés comme suit : « Une grande construction élevée d'un étage sur rez-de-chaussée communiquant par un escalier, avec une vieille tour dite "Tour Sainte-Claire" ; un petit bâtiment à la porte d'entrée sur la rue Sainte-Claire et un parc jardin attenant — un ensemble connu sous le nom de "castel Sainte-Claire". » Suit encore : « Une construction élevée d'un étage sur rez-de-chaussée à usage de logement de concierge ayant une entrée sur la rue de la Montée St Bernard avec ses dépendances, consistant en grenier, écurie, bassin pour laver, etc. », ainsi que « des terrains plantés d'arbres et d'arbustes, comprenant une orangerie et délimités ainsi qu'il suit : au nord par le grand chemin du Vieux-Château et la parcelle de terre surplombant le parc de l'immeuble loué, à l'est par le mur bordant le chemin de la Montée St Bernard jusqu'à la conciergerie, au sud par le chemin de la Montée St Bernard sur lequel plonge la conciergerie, à l'ouest par le rempart séparant la propriété de Ste Claire de la Pierre-Lisse ». Et, pour clore la liste, « un garage d'automobiles avec entrée boulevard de la Pierre-Glissante comprenant une pièce avec fosse et une autre pour l'atelier ». Le bail est prévu pour une durée de dix-huit années et prendra fin le 30 septembre 1938. Les loyers sont annuels, d'un montant de 7 000 francs pour la villa Sainte-Claire, de 700 francs pour la conciergerie et ses dépendances, de 3 000 francs pour le parc et les terrains de culture et de 800 francs pour le garage. La Société immobilière hyéroise s'engage à faire exécuter les travaux de réparations et de remise en état. Six pages d'un état des travaux projetés ainsi qu'un plan de la nouvelle disposition sont annexés au bail. Edith devrait, selon les termes du bail, emménager dans ses murs au 1er octobre 1920.

Le bail signé, Edith se rend au Plantier où « elle arrive pour prendre une tasse de thé, puis ramène les deux sœurs Aynard & Paul pour dîner au Bocage ». Ils se sont vus pratiquement chaque jour de la semaine, sans que la pluie ne les arrête. La semaine suivante continue sur le même rythme. « Dimanche 7 : Grande pluie. Restée au lit. Paul va au Bocage où Edith veut le faire rencontrer le consul américain de Marseille », note Minnie. « Mardi 9 : Paul, Marianne et moi allons à pied au Bocage où Paul nous laisse errer dans ce délicieux jardin tandis qu'il descend à la gare. » Enfin, le vendredi 12 : « *Weather permitting*, Marianne et Loubie emmenées à Giens en pique-nique par Edith. Se sont beaucoup plu à ce petit *change*. Norton était là et Madame de Béhague. Elles nous sont revenues vers 5 h 1/2. »

Contrairement à Minnie, toujours aussi résignée et fataliste, Edith semble ne vouloir rien céder. La beauté du paysage aidant, l'arrangement de ses jardins, de ses maisons et de ses livres procèdent de la beauté des choses dont elle a décidé qu'elle ferait désormais son pain quotidien : « Comme c'est bon de vieillir (et pourquoi pas de mourir) entourée de beauté — et la beauté de cet endroit est inépuisable », écrit-elle dès 1920 ([22]).

Les semaines se suivent et se ressemblent, entre les promenades à pied, le courrier qu'on descend à la gare, Le Bocage où l'on déjeune et où « Loubie fait de la très belle musique. Beethoven. Edith, Norton et moi, seuls à l'écouter dans ce beau cadre tiède devant le jardin ouvert. Heure précieuse », s'attendrit Minnie. Le lendemain, Marianne va avec Edith, Mme de Béhague et Norton en pique-nique au-dessus des gorges d'Ollioules et le surlendemain, tous (accompagnés de Madeleine Du Bos) vont goûter au Plantier. La semaine se termine en feu d'artifice lorsque le samedi 20 mars, « vers 4 heures, nous partons en voiture avec Loubie et Marianne et allons goûter chez Edith à Ste Claire dans cette aire parmi les ruines du Vieux-Château. Vue admirable. Série de petites terrasses de terre. Maison tout et part à reconstruire. Incohérence et charme », raconte Minnie. « Ce jardin est un véritable enchantement et n'a rien à envier à celui de Tatti ([23]). Comme j'aimerais que vous le voyiez ([24]) ! » s'émerveille pour sa part Edith auprès de Berenson.

Et c'est au jardin qu'elle s'attaque d'abord. Abandonné depuis tant d'années lorsqu'elle le découvre en 1919 et tel que le décrit son amie de toujours, Daisy Chanler — « une végétation faite de chênes verts, de caroubiers, d'oliviers sauvages qui s'accrochent aux vieux murs et d'agaves qui dressent leurs tiges au milieu du maquis ; un fouillis d'épineux et de fleurs aromatiques qui couvrent la colline rocailleuse ([25]) » —, il est le premier à tomber sous sa férule. Mieux encore, contrairement à la maison dont elle doit s'accommoder, il reste à reconstruire de toutes pièces. « Elle y a déployé toute l'énergie et l'ouverture qui avaient rendu ses romans si populaires, note le commentateur. Elle a chamboulé la colline, y a installé des murs de soutènement pour ses terrasses, construit une superbe pergola couverte de roses grimpantes, imaginé une promenade plantée d'orangers et taillé ses cyprès pour les transformer en arches mauresques. Oliviers et agaves servent d'arrière-plan naturel à toutes les audaces. Elle a tracé une promenade longue et rectiligne, étroitement encadrée de freesias orange et possède une collection de cactées et de plantes grasses telle, qu'on la dit plus riche encore que celle du prince de Monaco. Malgré son goût pour les grands taillis, Mrs Wharton aime les plantes pour elles-mêmes et s'intéresse aux espèces rares. Elle a la réputation d'être la seule sur toute la Riviera à faire pousser des *Acacia catheriana* ([26]). »

Dans le Midi, elle découvre la douceur du climat et s'émerveille de pouvoir faire pousser en pleine terre ce qui, ailleurs, ne supporte que la serre. « Pour le jardinier qui arrive du Nord, les premiers mois pendant lesquels il installe ses terrasses et plante ses parterres ressemblent à une longue lune de miel. Dans l'enthousiasme de sa propre aventure, il regarde autour de lui d'autres jardins et découvre que les plantes qu'il cultivait en serre ou celles dont il accompagnait l'existence de semi-invalides dans "un coin abrité du jardin", poussent ici en plein air et à profusion ; il découvre de nouveaux trésors dans les catalogues des pépiniéristes et chez les jardiniers locaux qu'il convoque afin de prendre leur avis, va visiter leurs serres et se fait livrer des tas de plantes nouvelles autant que fascinantes ([27]). » Dans le Midi, elle apprend aussi le rôle primordial de l'eau et fait installer un système d'irrigation souterrain qui, démarrant par un double bassin situé contre le mur de la terrasse supérieure, court d'une terrasse à l'autre. « Je t'envoie quelques photos de Ste Claire. Le jardin est encore entre les mains des maçons et des terrassiers. Monsieur Nabonnand ([28]), le rosiériste de Golfe-Juan, est venu me voir l'autre jour — ou plutôt, voir *mon* jardin. Il s'est montré très admiratif de mes terrasses et qu'en plus des roses, j'arrive à y faire pousser des camélias et des gardénias ([29]) », écrit-elle à sa nièce, Beatrix Ferrand, spécialiste ès jardinages.

Mais la maison requiert aussi son attention ([30]). Elle y mène tout de front : les toitures à réviser, les enduits extérieurs à remonter, les carrelages, parquets et plinthes à restaurer, les plafonds et les murs intérieurs à enduire, sans parler de certains murs trop fins qu'il faut doubler. Reste encore à construire une citerne — sur le rocher ouest, au-dessus de la maison ; à faire installer les arrivées d'eau (chaude et froide) ainsi que les évacuations et fosses septiques ; à tirer la ligne électrique à partir de la montée Sainte-Croix afin d'actionner la pompe et de fournir en énergie les trente-six lampes intérieures qu'elle a l'intention d'installer — sans oublier le tableau d'appel de l'office avec ses dix boutons (à trois timbres), son commutateur à deux directions et son tableau à douze numéros ! Il faut aussi faire brancher le gaz pour la cuisine, avec sa prise située sur le boulevard de la Pierre-Glissante. Au bâtiment proprement dit, dans une annexe construite dans la cour arrière, s'ajoute encore une chaudière qui fournit en eau chaude ses vingt-deux radiateurs. La circulation intérieure de la maison et le partage entre gens et maîtres étant à redistribuer, elle fait installer deux portes matelassées au milieu des couloirs du rez-de-chaussée et de l'étage, des salles de bains et des w.-c. pour ses gens ; fait déplacer l'escalier qui monte de la cuisine au premier étage et l'ouvre depuis l'office jusqu'aux chambres. Il s'agit encore, du côté des garages et du boulevard de la Pierre-Glissante, au-dessus de la villa de La Solitude, d'ouvrir un portail et un chemin pour les voitures qui, depuis le boulevard, donnent directement accès à la villa.

Mais ce ne sont là finalement que détails pratiques et aménagements indispensables, car l'essentiel des transformations se fera côté ouest, là où elle fait agrandir la terrasse : vingt mètres carrés ajoutés, avec une balustrade en pierre pour laquelle il faudra abattre ou tailler un certain nombre d'arbres qui, de toute façon, encombrent et gênent la vue depuis la terrasse existante. Une porte-fenêtre est percée qui ouvre sur la nouvelle terrasse, la fenêtre du mur de façade est remplacée par une fenêtre en triptyque d'un mètre soixante de haut, avec des colonnettes en ciment armé — réplique exacte de celle qui, à l'autre extrémité de la maison, ouvre l'autre tour. L'idée est loin d'en être heureuse car, trop ouverte sur l'extérieur, elle met à la merci de la pleine lumière et des rayons du soleil, ses précieux livres qu'il faudra bientôt déplacer dans une autre pièce moins exposée. On abat encore une cloison au fond de la bibliothèque, ouvrant ainsi la pièce vers l'escalier en colimaçon qui monte à l'étage et se prolonge par un autre escalier à ciel ouvert qui débouche directement sur la terrasse de la tour Sainte-Claire. Edith fait remettre en état l'escalier extérieur, la plate-forme et le mur de rambarde de la tour. Elle établit ainsi, avec les escaliers situés à l'arrière de la maison, un axe de circulation entre sa bibliothèque du rez-de-chaussée et la plate-forme de la tour, l'intégrant, tel un second étage à ciel ouvert, à la maison proprement dite. A-t-elle songé alors que si elle s'ouvrait ainsi les portes du ciel et du paradis, l'axe circulait tout autant du haut vers le bas et qu'au-dessus de sa tête, reposait Olivier Voutier ? N'était-ce pas là une manière d'ouvrir la porte à « ces courants invisibles qui habitent parfois certains endroits » et dont profitent certains fantômes ([31]) ?

À Costebelle, les choses continuent cependant d'aller à leur rythme. Le samedi 10 avril, la pluie s'étant abattue en trombes et le vent s'étant levé, les Bourget déjeunent au Bocage. Non seulement on sert tard, mais encore, Edith leur impose la compagnie de Guillemin, un « invraisemblable spécimen d'un esprit *faussé, pacifique, anti-guerre* et un utopiste regrettable », comme l'épingle Minnie, décidément mal lunée. Ce qui ne l'empêche pas de les inviter tous, le lendemain, au Plantier pour goûter ; et d'ajouter au groupe, Mme de Béhague et Mme Homberg. Leur cercle parfois s'agrandit encore de la présence de Mme de Léautaud ([32]), du ménage Halgouet, de Mme de Lévis-Mirepoix ([33]) lorsqu'on va au Bocage écouter Mme Homberg jouer du piano et accompagner Loubie au violon.

« 28 avril [1920] : Beau temps. Paul va pour le lunch au Bocage où il a été content de passer une heure paisible en tête à tête avec Edith », note Minnie. Le lendemain Edith retourne chez le notaire où elle signe un nouveau bail de location. Dans les mêmes conditions que celui du 6 mars, elle agrandit son territoire de « la tour dite de la Reine Jeanne élevée d'un étage sur rez-de-chaussée et à laquelle Madame Wharton aura accès par une porte qui sera établie dans la clôture métallique placée face à la porte de la tour Sainte-Claire et contiguë à la porte Saint-Jean, laissant libre circulation sur le chemin qui sépare les deux parties de la propriété » ; de terrains « plantés d'oliviers, amandiers, arbres et arbustes de diverses essences » ainsi que « d'une bande de terrain de trois mètres de large le long du rempart et qui servira d'accès à l'escalier situé sous la Tour Jeanne ». Le tout pour un supplément de loyer de 2 200 francs par an. On joint un plan des lieux et tout le monde signe : Mme Wharton, l'administrateur de société, l'architecte et le notaire.

Mais il faut bientôt partir et rejoindre d'autres cieux : Edith, que Minnie rencontre chez son tailleur en ville, annonce son départ, sauf imprévu, pour le vendredi suivant. L'imprévu débarque avec Saint-André ([34]) arrivé de Montpellier et qui s'installe au Bocage, avec Norton aussi qui rentre soudain d'Italie, « plus aimablement "languide" que jamais », apprécie Minnie. Norton ne pose pas : il lui faut vite rentrer à Londres où l'attendent des réunions d'affaires. Passe le 1er mai… Ils partent tous en même temps et se retrouvent à Avignon à l'Hôtel de l'Europe, le soir du 5. Il fait un mistral effroyable, ce qui n'a pas empêché Edith et Saint-André de musarder en chemin et de n'arriver en Avignon qu'en début de soirée. Tous, bientôt rejoints par « Philomène de Lévis-Mirepoix et son ami Chaponay », déjeunent le lendemain de compagnie avant que leurs chemins ne se séparent à nouveau : Edith et Saint-André partent pour Villeneuve-lès-Avignon.

« Il faut vous dire qu'après m'être arrachée de mon bien-aimé Hyères, moi et le fidèle Saint-André nous avons pris la direction du nord. Le temps était magnifique et nous avons traversé des endroits enchanteurs. Nous nous sommes arrêtés à Montpellier, à St Guilhem le Désert et à St Martin ; à Nîmes, Issoire, Le

Puy, St Paulien, Clermont, Mozac, Riom, La Charité, St Benoît s/Loire et Germigny-les-Près. Non pas que nous ayons passé la nuit dans chacun de ces endroits, mais nous y avons fait escale. Et puis, cela faisait des années que je désirais visiter St Guilhem le Désert et St Martin... », écrit-elle à Berenson avant de commenter leur retour à Paris : « Paris est tout simplement horrible — une sorte de tremblement de terre permanent d'autobus, de tramway, de taxis et engins de toutes sortes qui se précipitent, souvent s'évitent, parfois se tamponnent et amènent jusque devant ma porte, des cargaisons entières d'Américains ([35]) ! »

Sainte-Claire, Noël 1920. — Le temps d'un trop bref séjour à Saint-Brice, d'envoyer aux Bourget un panier rempli des derniers légumes du potager, Edith repart vers le Sud et la Méditerranée. Elle dîne chez les Bourget le 6 octobre, avant de prendre, gare de Lyon, le train de nuit en direction de Toulon et son repaire de la colline hyéroise : « Je suis incapable de vous dire à quoi ressemble ma vie sur place. C'est comme une autre planète ([36]) », écrit-elle à Berenson depuis Sainte-Claire.

Les journées s'organisent sur un rythme et avec des habitudes qui, au fil des années, deviendront immuables : des matinées dévouées à l'écriture, à travailler au jardin ou à surveiller les travaux ; des après-midi passés à excursionner et des soirées consacrées à la lecture. « Robert Norton était déjà ici à m'attendre. Nous sommes encore à l'hôtel, mais j'espère bien que l'adresse que je vous ai donnée sera la bonne dès la semaine prochaine », explique-t-elle à Berenson. « Je passe mes matinées à Ste Claire à surveiller que "*alles grünt und blüht*" dans un jardin qui n'a pas six mois. R.N. [Robert Norton] bat la campagne avec son matériel de peintre sous le bras. Nous nous retrouvons pour déjeuner et l'après-midi, faisons une promenade dans ce maquis que vous connaissez bien. Les soirées sont consacrées à un autre type de maquis, à l'exploration de ce que M. Collins appellerait un "mont" de nouveaux livres qui arrivent sans discontinuer de chez Bain & Affolter… », conclut-elle.

Depuis la signature du contrat de location en mars dernier, elle a mis en place son jardin et aura bientôt fait restaurer la maison : « Les travaux ont pris du retard, mais c'est normal, ajoute-t-elle encore à l'adresse de Berenson. Le chauffage, l'électricité et l'eau sont installés et le nettoyage et les finitions commencent la semaine prochaine. » La maison sera bientôt meublée, ses tableaux, tapis, bibelots, installés et d'autres livres qu'elle a fait venir en vue d'autres promenades littéraires, bientôt disponibles : « Bien sûr, lorsque nous serons "montés" à la villa, le territoire de nos excursions littéraires sera fort agrandi avec les deux mille amis fidèles qui nous y attendent. »

La méridienne en cannage rapportée autrefois de sa maison de Lenox trônera bientôt au salon. Quant aux sièges, canapés, commodes, chiffonniers, secrétaires, armoires et encoignures, glaces, miroirs et bois sculptés, ils tous sont « XVIIIe » pur jus — même la commode provençale, « à trois tiroirs, en bois naturel sculpté, ornée de bronze et posant sur des pieds cambrés », ne déroge pas à l'époque ; non plus que les huit tableaux de l'école hollandaise représentant vases de fleurs et perroquets qui ornent les murs du salon ; sans parler de ceux de l'école chinoise et de tous les objets, porcelaines et faïences d'Extrême-Orient, posés ici et là ([37]). Ogden Codman, son ami architecte qui rêvait autrefois de transformer toute habitation en bonbonnière XVIIIe, n'aura plus qu'à admirer : n'est-il pas prévu arriver la semaine prochaine, même si, en route pour Cannes et son tourbillon de gens riches et à la mode, il ne posera pas ? Le mondain qu'il est devenu ne s'intéresse guère à Hyères et, mis à part « Sir George & Lady Prothero [...] & mon amie Philomène de Lévis-Mirepoix, l'endroit n'est qu'un délicieux désert ». Tous cependant s'annoncent, avec l'intention de visiter la nouvelle merveille — maison et jardins dans toute leur splendeur rénovée : « Gaillard Lapsley ([38]) doit venir pendant les vacances de Noël & Adele Essex dit qu'elle viendra en février ! »

Elle pense avoir gagné son pari et, de la villa accrochée à sa tour si près du ciel, avoir fini par faire ce qui ressemble fort à un paradis : « En attendant, la beauté et le calme environnants sont paradisiaques et j'ai vraiment le sentiment d'avoir atteint ici le "*cielo della quieta*" auquel toute âme aspire après un voyage mouvementé ([39]). »

Passé l'enthousiasme des débuts, surgissent pourtant les premiers soucis, sous forme d'abord d'une apocalypse jardinière : « J'ai eu un choc, la semaine dernière. Un mistral glacé s'est mis à souffler, puis il a gelé deux nuits de suite & tous les jardins entre Marseille et Menton ont été ravagés. Mes terrasses commençaient tout juste à se remplir de nouvelles pousses et j'en étais malade de voir tous mes héliotropes, mes anthémis, mes tradescantias, mes dentelaires, mes arums et mes géraniums (qui sont les bases d'un jardin méditerranéen) se transformer en chiffons noircis et pendre lamentablement au revers de mes terrasse dénudées. Les orangers ont gelé et il se peut que les plus vieux arbres soient définitivement perdus. Même mes caroubiers qui, en octobre, s'étaient parés d'un feuillage dense et brillant, ont vu leurs feuilles se ratatiner et griller. Les eucalyptus et les poivriers sont tout racornis et les grandes fleurs des figuiers de Barbarie qui étaient la fierté de l'endroit tombent comme des fleurs en papier un lendemain de procession. Même les fleurs sauvages, acanthes, fenouils et valérianes, pendent pitoyablement [...] Mon magnifique buddleia grimpant, qui couvrait les murs de ma plus haute terrasse et qui s'apprêtait à sortir ses panaches par centaines, est désormais aussi nu qu'un navire en perdition ! Voilà toute l'histoire ([40]). »

Mais de l'histoire, elle retient la leçon : celui qu'elle appelle son « jardinier venu du Nord », et qui, l'année précédente, avait vécu sa lune de miel, révisera ses jugements : « Ce n'est que la seconde année qu'il apprend vraiment, lorsqu'il découvre que, dans le Sud, les moindre différences de nature de sol, d'exposition, de qualité d'abri, comptent bien plus que dans les climats tempérés. Là où le soleil de midi est plus chaud, la froidure des nuits est proportionnellement plus marquée. De tendres boutons qui pointent leur nez pendant une semaine de temps doux sont cruellement grillés par un coup de froid qui descend depuis les champs de neige des Alpes ; les plantes qui cherchent le soleil dans le Nord, cherchent la mi-ombre dans le Sud ; d'autres qui prospèrent sous la pluie, dans un sol léger, demandent une crevasse humide pour nourrir leurs racines et traverser l'été ([41]). »

Elle ne cessera de trembler pour son jardin hyérois et sera toujours habitée par cette impression d'être passée à deux doigts du désastre, mais reprendra chaque fois espoir : « Il faut que je vous dise encore que le temps, depuis, s'est remis au beau et que mes bulbes sont bien repartis, que dans un an la nature si prodigieuse ici aura tout effacé — exceptés peut-être quelques arbres qui sont perdus pour de bon. »

Arrive enfin le grand jour ! Tous quittent Le Bocage pour s'installer à Sainte-Claire. « Nous avons emménagé deux jours avant Noël [1920]. ("Nous", c'est-à-dire, Robert N., Gaillard Lapsley, et tout le personnel) et j'ai vécu hier mon plus beau Noël depuis bien des années — le plus beau qui soit pour une vieille femme comme moi ! La petite maison est délicieuse, tellement accueillante et confortable, tellement pleine de soleil et d'air ; mais ce qui nous sidère par-dessus tout, c'est la magnificence des points de vue, que ce soit vers le sud, vers l'est ou vers l'ouest, sur des miles et des miles ; sans parler de paisibles fins de soirée avec la pleine lune au-dessus de la tour de l'église romane qui se situe juste sous la maison et de couchers de soleil qui découpent en noir la silhouette des “Îles d'Or” sur une mer d'argent ([42]). »

Sainte-Claire, 1921. — L'hiver et le printemps à Hyères, l'été et l'automne à Saint-Brice, ses cycles s'installent tandis que Minnie et Paul arrivent au Plantier le 10 février 1921 et, dès le lendemain, montent déjeuner à Sainte-Claire pour y découvrir sur place « Norton, Philomène Lévis-Mirepoix, le ménage Jaloux ([43]), très semblable à lui-même et avec qui nous revenons à pied ([44]) ». Tous se fréquentent et chaque nouvel arrivant est accueilli par la colonie des habitués.

Autour du noyau que forment Edith et les Bourget, gravitent l'aimable Robert Norton, plus « créole » que jamais (si on en croit Minnie), ces dames Lévis-Mirepoix — Philomène, sa mère la duchesse et sa fille

Florence —, Martine de Béhague et les plus jeunes dont on ne retient que le prénom : Loubie, Renée, Annette, Simone et les autres, mais qui sont de toutes les promenades et de toutes les visites, qui rentrent et sortent sans même qu'on remarque leur présence.

Cette saison-là, mis à part Le Plantier où Edith passe régulièrement et Sainte-Claire où Minnie monte parfois à l'improviste, un troisième lieu sert de centre de ralliement : la villa des Joncquières à Port-Jean où l'on se rend si le temps n'est pas trop venteux afin de déguster la bouillabaisse du pays. « Samedi 19 février : Déjeuner chez les Joncquières, Edith, Norton, Madame de Béhague, cela n'a rien d'intime », constate Minnie. Des habitudes s'installent que viennent rompre les Anglais de passage. « Jeudi 24 février : Déjeuner à Sainte-Claire chez Edith. Lady Prothero (qui avait connu James), Irlandaise pâlotte et âgée. Le général Ian Hamilton ; sa femme, Lady Hamilton, & une Lady Colefax ([45]). Ils sont tous arrivés de Valescure en automobile avec une heure et demie de retard. Plus insulaires & pour nous singuliers que si c'était des habitants d'une autre planète. Lady Hamilton, grande, brune, maigre, affublée à la dernière mode en beige, boucles d'oreilles à pendeloques en diamants si étranges avec le voile. L'autre très bien mise, à l'américaine, fardée, a sûrement de la race. Le général très beau, blanc ou presque », rapporte Minnie.

Henry Bordeaux, romancier et critique littéraire ([46]), arrive le jour du printemps et s'installe avec sa femme et ses trois filles à la villa du Mont des Oiseaux ; Dupré, le médecin en titre des Bourget et qui autrefois soigna Teddy, les rejoint le lendemain et se pose à l'hôtel. On emmène Dupré en promenade à la presqu'île de Giens et l'on dîne chez les Bordeaux au Mont des Oiseaux. Une invitation qu'Edith rend le dimanche suivant : « Allés avec Bordeaux à Sainte-Claire où étaient Madame de Margerie ([47]), Norton et Madame Homberg qui a bien joué des morceaux un peu disparates : Beethoven, Couperin, Wagner, Debussy », note Minnie de retour au Plantier. Edith les retient au moment de partir : elle montera demain jusqu'au Plantier car lui faut absolument voir Paul et l'entretenir de son projet de bibliothèque à Sainte-Claire.

Le mistral a enfin fait fuir la pluie et le ciel s'est dégagé. En ce début d'avril, le beau temps s'installe pour de bon et, avec lui, arrive Saint-André qui s'arrête chez les Bordeaux. Débarquent encore les Drogoul ([48]). Eux, s'installent à Sainte-Claire :

demain samedi, on y fera de la musique et tous sont invités.

Le beau temps dure toute cette première quinzaine d'avril : une aubaine pour les longues promenades. Elles les mènent parfois jusqu'à l'Almanarre ou aux ruines de l'ancienne métropole romaine de Pomponiana ou encore le long du chemin qui court à travers les vignes entre Sainte-Claire et Le Plantier ; ou plus loin, à la presqu'île de Giens, à La Madrague et à la Tour Fondue ; aux Cabanes de la Baie ou vers l'intérieur du pays, à Notre-Dame de Consolation et la luxuriante vallée du Gapeau et ses cerisiers en fleur.

Passée la mi-avril, Minnie, qui n'a pas vu Edith de toute la semaine, se décide à téléphoner et à prendre de ses nouvelles. Tout s'explique : les Berenson sont là, ainsi que Charles Du Bos, mais lui ne fait que passer et repart le soir même pour Paris. L'occasion est trop belle et comme Paul doit envoyer par le train du soir un article pour *L'Illustration*, Minnie les prie tous à goûter. Gabrielle Piaute, qui est passée au Plantier prendre l'article de Paul afin de le mettre au propre, ramène sa copie — juste à temps pour voir Edith déposer Charles Du Bos et repartir aussitôt avec Norton et Berenson… Ainsi d'une maison à l'autre, se rend-on les plus infimes services, transformant à l'occasion Du Bos en courrier de nuit !

Est-ce la pluie qui fait son retour ou Berenson qui est parti ? Le 23 avril voit la réapparition d'Edith au Plantier, flanquée cette fois des dames Lévis-Mirepoix : la vieille duchesse Henriette d'abord, qui, bien que nièce de Mme de Chabannes, n'a guère l'estime de Minnie. N'est-elle pas à ranger avec toutes les autres, avec la duchesse de Rohan, la princesse Murat et « même d'autres plus près de nous » ? Minnie ne s'étonne plus de rien et s'efforce de « regarder ces spécimens comme des objets d'herbier ». Quant à Philomène, à la fois si fière et si mélancolique, elle n'est, aux yeux de Minnie, qu'une « aimable épave » — un jugement fort abrupt qu'Edith partage à l'occasion, mais d'un point de vue davantage intellectuel et clinique que moral : « Le problème avec elle, explique-t-elle à Bereson, c'est que son esprit n'est pas disponible, mais rempli d'un fatras d'idioties faciles, de ces idioties malsaines qui meublent l'esprit, genre occultisme Sâr Peladan et autres médiums, fluides vitaux et toute la gamme ! Lorsque R. Norton lui suggère de lire des livres sur l'Égypte ([49]), elle refuse et a pour prétexte qu'elle veut rester vierge de toute influence. Autrement dit, elle est trop paresseuse pour se concentrer sur quelque chose de sérieux [...] Mais ne lui parlez pas de freudisme et de tout le jargon qui va avec, car elle y adhérera sans plus de retenue. Ce dont elle a besoin, c'est d'apprendre à regarder, à se concentrer et à réfléchir ([50]). »

Il n'empêche que si, du côté des hommes, Edith n'a jamais manqué d'amis largement établis et au rôle social bien assis, les personnages féminins auxquels elle s'attache vivent souvent en marge ou en limite de la bonne société. À l'exclusion de Minnie Bourget, bien sûr (encore qu'une amie juive convertie au catholicisme et épouse d'un membre fondateur de l'Action française ne soit pas chose courante), les ratées matrimoniales de femmes telles que Mrs Tyler, Philomène ou Mme de Béhague la retiennent — ou ne s'agit-il peut-être là que de sœurs d'infortune ? Pourtant, bien que proche de Charles de Noailles, son prochain voisin, elle gardera toujours ses distances avec Marie-Laure, sans doute trop scandaleuse à son gré.

De retour à Paris au début du mois de juin, Minnie reprend la valse des courses et des essayages fastidieux — où, à l'occasion, elle rencontre Edith, chez Worth ou chez Reeb ; elle court les grands magasins, se rend aux Galeries Lafayette, au Bon Marché et aux Dames de France où elle se fournit en bas de laine ; à l'Old England aussi et à la Maison du Blanc. Une fois achetées ses dentelles de lingerie, elle invite Edith à dîner rue Barbet-de-Jouy pour « une heure paisible et fort agréable ».

L'interlude est bref : elles ne se verront pas de tout l'été. La fin septembre ramène pourtant les Bourget à Saint-Brice où ils vont déjeuner : « Maison très bien arrangée. Jardin plein de fleurs. Trop créé, sans imprévu. Sont aussi venus de Paris, Berry, Lapsley, Hugh Smith ([51]), Mrs Frank Griswold — toujours jolie, assez sirène. “Cosmopolisme” de cette réunion », résume Minnie. À peine deux ans qu'elle y est installée et Edith se plaint déjà de l'éloignement des lieux : « Oh, cette banlieue ! confie-t-elle à Berenson. J'avais pensé que ce serait mon salut, mais d'une certaine façon, c'est plus fatigant que Paris, car les gens arrivent pour déjeuner (je veux dire, les Français) et restent jusqu'au thé, jusqu'à ce que surgisse le contingent des Américains et cela s'éternise jusqu'en début de soirée. Lorsqu'ils sont agréables, j'apprécie, mais j'en sors dans tous les cas à ramasser à la petite cuillère. D'autres fois, lorsque, par exemple, le pauvre Saint-André explique pour la centième fois pourquoi il ne veut pas installer le téléphone chez lui et comment tous ses amis s'arrangent pour l'éviter, alors, oui, le fil qui me retient à la vie me semble bien ténu ([52]). »

Dès la mi-octobre, elle est de retour à Paris, dans sa suite du dernier étage de l'Hôtel Crillon. La Toussaint est pour elle l'occasion de s'attendrir sur ses chers disparus : « Tous mes morts », pleure-t-elle ([53]). Passé pourtant les regrets de cette fin d'année 1921, elle s'emploie à se reconstruire un nouvel univers dans lequel elle remplace ses chers absents par de nouveaux visages, toujours plus nombreux, comme par peur d'en manquer... Les Jaloux, Nolhac, Pierre Hepp, les Vaudoyer ([54]), Guillemin, Louis Gillet ([55]) et les autres — les Anglo-Saxons...

Mais comment aussi construire des ponts entre ce nouveau monde et sa nostalgie des jours enfuis. Ils ne sont plus si nombreux à pouvoir se souvenir avec elle. Elle tente ainsi d'attirer Bélugou à Saint-Brice et Fullerton à Hyères. Un certain Mr Brunhes est en effet monté jusqu'à Sainte-Claire et lui a parlé de Fullerton qui a l'intention d'écrire une suite à ses *Terres françaises* — enfin un prétexte pour une invitation à Sainte-Claire ! Elle se précipite : « Ste Claire n'est pas seulement l'antichambre du paradis, c'est le "*cielo della quieta*" lui-même, celui que Dante (que nous lisions ensemble autrefois) découvre au-dessus du septième ciel. Venez donc le visiter lorsque vous écrirez le second tome de vos *Terres françaises* ([56]). » Fullerton n'atteindra jamais le rivage méditerranéen de la villa hyéroise et se contentera de s'arrêter *Au seuil de la Provence* ([57]).

Elle le reverra pourtant bientôt lorsque Walter Berry les conviera tous deux à un déjeuner qu'il donne ([58]) dans l'ancien appartement parisien d'Edith où il vient d'emménager. Autour de sa table, ce jeudi-là, il rassemble les Bourget, Edith, Morton Fullerton et les Jusserand ainsi que Miss Richards. « [J'ai] trouvé bien étrange, s'inquiète Minnie, de revoir cet appartement jadis si familier quand Edith l'habitait. Froid par l'abus d'objets rares, mais fort bien arrangés. » Berry s'est contenté d'inviter à sa table des gens de bonne compagnie et si, ce soir-là, on dispute âprement de la position de la Société des nations, des États-Unis et de celle du Président Wilson, ce n'est que conversation de salon.

Sainte-Claire, 1922. — À Hyères et du côté des habitués, les Bourget sont toujours là avec, dans leur sillage, leur lot de connaissances et de relations parisiennes en villégiature sur la Côte. Edith Wharton est arrivée depuis plus d'un mois lorsqu'ils rejoignent leur Plantier le 18 janvier 1922 ([59]). Il tombe des trombes d'eau, comme souvent en janvier, mais cette saison, en plus de Sainte-Claire, du Plantier et de Port-Jean, c'est l'Hôtel d'Albion qui sert de point de ralliement : le général Nivelle ([60]) y est descendu avec sa fille ; ainsi que Martine de Béhague dont la maison à la presqu'île de Giens est toujours en chantier. Les après-midi dansants qu'on y donne les attirent tous, jeunes et vieux : « Passé l'après-midi avec Loubie. Allées au thé dansant d'Albion. Rencontrés, Paléologue, Madame de Béhague, Madame de Courmon. Danseurs fort occupés par leur “pas” et déchaînés », note Minnie le 1er avril. Lorsque Nivelle s'apprête à quitter l'hôtel, arrive André Suarez… ([61]).

Paul et Minnie montent déjeuner à Sainte-Claire en compagnie du général Nivelle le 5 février. Paul y retourne le jeudi suivant, avec Nivelle et sa fille. Le dimanche suivant, Paul et Minnie sont encore invités pour un déjeuner auquel assistent Mrs Chanler, le jeune ménage Prévaux ([62]) ainsi que Percy Lubbock. Le mercredi 15 février, Paul emmène Margot de Joncquières à Sainte-Claire. Une autre fois, Minnie et Loubie y trouvent Edith en compagnie de Mrs Chanler, des Mouchy, de Philomène et de Martine de Béhague.

« Qu'ils reviennent donc tous dimanche pour le déjeuner », fuse l'invitation d'Edith. Paul viendra et Minnie passera le reprendre en voiture à la fin du repas. Philomène, la jolie Margot de Joncquières, Mme de Béhague, Norton et Lubbock complètent la tablée, mais tous semblent s'ennuyer ferme lorsque survient Minnie : « Paul avait l'air morne, ainsi que Margot qui piétinait d'impatience. »

Le mois de février tire à sa fin. Paul promène Nivelle et fréquente assidûment son dentiste pendant que Minnie court les églises — Saint-Pierre et Saint-Paul, et se rend presque chaque jour au couvent des Franciscaines. Dévorée par la curiosité, elle entraîne Paul jusqu'au repaire de Martine de Béhague : « Partis pour la presqu'île de Giens où vu enfin cette étrange propriété de La Polynésie toute inachevée, face à l'île du Roubaud. Belle situation et vue sur la mer, mais trop éventée », tranche-t-elle ce soir-là.

Mrs Tyler, accompagnée de sa fille, arrive au début du mois de mars, suivie de près par Walter Berry : « Très visible satisfaction d'Edith », mentionne Minnie le 12 mars. Edith habituée à dicter sa loi à toute chose, sauf au temps, se désole : « Depuis l'arrivée de Walter, il souffle une tempête du sud-est de la pire sorte. Mais cela ne l'empêche pas de tout faire pour apprécier l'endroit. »

Côté jardin, Edith se passionne toujours autant et tente de s'inscrire dans la tradition des jardins anglo-saxons déjà installés sur la Riviera. Le gel de l'année précédente et les angoisses qui l'ont accompagné lui ont laissé à réfléchir. N'aurait-elle pas commis l'erreur de s'installer trop près du couloir rhodanien, et du mistral ? Son jardin appartient-il vraiment à la Riviera et tous ses amis jardiniers ne le sont-ils pas plus haut sur la Côte, du côté de la frontière italienne ? En mars 1922, elle informe sa nièce Beatrix Ferrand qu'elle a rendu visite « aux plus beaux jardins de la Riviera », chez les Arthur Wilson au Cap-Ferrat, chez Adele Essex, chez les Ralph Curtis à la villa Sylvia et enfin chez Jean Ward, à la villa Rosemary ([63]).

Mais de simples visites ne sauraient lui suffire. À sa grande satisfaction, la très charmante Lady Aberconway, propriétaire du château de La Garoupe au Cap-d'Antibes, passe la semaine du 24 mars à Sainte-Claire. Edith a en effet beaucoup à apprendre de Lady et Lord Aberconway qui possèdent l'un des plus beaux jardins de la Riviera. Implanté depuis le début du siècle, le jardin de La Garoupe est un jardin d'hiver et de printemps, avec des propriétaires qui ont une longue expérience des jardins du Midi. Comme Edith à Sainte-Claire, ils y résident de Noël à Pâques. Les deux jardins possèdent encore de nombreux traits communs et même si le territoire d'Edith est plus limité en surface, tous deux gardent le souvenir des jardins qui les ont précédés, montrent ce même souci d'intégrer la maison au cadre et de se fondre dans le paysage naturel environnant. À La Garoupe, le jardin a pour cadre un maquis fait de thym, de cistes, de myrtes, de cytises et de luzerne ; cependant qu'à Hyères, celui d'Edith côtoie les ruines du vieux château, une colline dont elle rêve de devenir un jour propriétaire. Les deux jardins ont aussi en commun ce même goût des plantes en elles-mêmes, des couleurs qu'elles proposent et de leur mise en valeur, mais surtout des masses et des proportions, du dessin général, de la disposition des terrasses et des allées qui les répartissent ([64]) — sauf que La Garoupe ne connaît ni le gel ni le mistral, ce qui fait une sacrée différence pour Edith dont le handicap se révélera finalement fatal !

Une autre visite « jardinière » la réjouit encore : Lady Johnstone, épouse de Sir Alan, et Américaine avec qui Edith a travaillé durant la guerre, arrive à Sainte-Claire pour un séjour de vingt-quatre heures le 6 avril. Elle appartient encore à ce groupe d'Anglo-

Saxons qui, « ces vingt dernières années ont acheté et transformé de vieilles fermes provençales ou construit de nouvelles résidences plus ou moins inspirées de vieilles bastides et qui ont révolutionné l'art du jardinage en s'insurgeant contre la tyrannie des plantes-en-pots. Car, n'était-ce pas une vraie tyrannie que subissaient nos pauvres jardiniers dont certains allaient jusqu'à utiliser 350 000 pots par saison ([65]) ? » constate Mrs Martineau, éminente spécialiste en jardinage et auteure de *The Herbaceous Garden*.

Les Johnstone possèdent, à côté de La Napoule, un incroyable domaine appelé Fan Farigoule sur lequel ils ont agrandi et restauré une habitation en ruine. De l'ancien jardin, ils ont aussi gardé les terrasses, les murs en pierres anciennes, quelques figuiers ancestraux ainsi qu'un certain nombre de jarres à huile dispersées alentour. « Les jardins de Fan Farigoule ont demandé beaucoup de travail car ils sont installés sur un rocher et il a fallu combler de nombreux trous afin d'y planter des buissons et des arbres ; mais malgré cela les cyprès et les camélias de taille fort respectable y prospèrent ([66]) », raconte Mrs Martineau. C'est ainsi que, comme à Hyères, les jardins de Fan Farigoule utilisent murs de soutènement et terrasses pour faire pousser des roses en cascades, des mauves, des héliotropes, des véroniques et des lotus à profusion, sans parler de l'orangerie et de ses citronniers.

Va-t-on fonder un club ? Ces dames ont-elles décidé que les informations concernant les jardins et leur entretien circulent mal, qu'il y a certainement quelque chose à faire et qu'il faut trouver le moyen d'éviter au nouvel arrivant les erreurs que toutes ont commises un jour ? Et pourquoi pas un ouvrage en anglais traitant du sujet ? Edith va-t-elle s'adresser à sa nièce, Beatrix Ferrand ?

En attendant que l'on trouve la perle rare capable de rédiger le texte, Lady Aberconway monte jusqu'au Plantier et Paul rencontre Lady Johnstone à Sainte-Claire sans qu'aucune des deux visiteuses ne retienne plus que cela l'attention de Minnie : le jardinage ne l'intéresse pas. Peu importe les visiteuses occasionnelles, semble-t-elle penser puisque le 26 mars est un jour incomparable : « Éclaircies, soleil, messe. Déjeunons à Ste Claire où Edith a Mrs Minnie Jones ([67]) et Miss Gioia Grant Richards. Féerie de la vue de là-haut », triomphe-t-elle.

Toutes trois, Edith, miss Richards et Minnie Jones, s'empressent de lui rendre sa visite, pendant que le 1er avril, Paul déjeune à Port-Jean où il retrouve Suarez, Edith, Mrs Jones et Guillemin. « L'autre

Minnie » est toujours là lorsque Paul va dîner à Sainte-Claire le jeudi 6 avril. Guillemin s'est installé à l'Hôtel des Palmiers. Les Drogoul, eux, sont à l'Hôtel d'Albion.

Passe le mois d'avril, arrive le joli mois de mai, Minnie a été malade et Edith est immobilisée : « Nous montons chez Edith qui est retenue chez elle par le petit bobo à la jambe. Assise sur une terrasse. Nous restons à regarder la vue admirable, le paysage panoramique & prenons le thé tranquillement et agréablement. Beauté des fleurs, de l'atmosphère. Le coucou, la chouette, les rossignols. Que ne peut-on dire à l'instant de durer ? » se lamente Minnie.

Non pas : ils seront bientôt tous de retour dans la capitale — et Edith, à Saint-Brice. Ils se voient peu ; et à peine Paul a-t-il fait le trajet jusqu'à Saint-Brice que le frère d'Edith (Harry Jones) décède à Paris. Edith déjeune le 12 octobre chez les Bourget et y revient le lendemain, après l'office : « Edith m'a demandé à déjeuner en sortant de la pénible cérémonie. Cette affectueuse confiance nous a beaucoup touchés. Sa tristesse aussi », compatit Minnie. « Il était le frère préféré de toute ma jeunesse », ajoute Edith dans un courrier à Berenson ([68]).

Le déjeuner qu'organise Berry dans l'appartement de la rue de Varenne la semaine suivante assoit une fois encore Fullerton à la même table qu'elle et la console de beaucoup de choses, mais pas tout à fait de la fuite inéluctable du temps. À la mi-novembre, Edith est de nouveau au Crillon où, en plus des Bourget, elle a prié à dîner le ménage Jaloux ainsi que Schlumberger. « Cela fait une charmante soirée », commente Minnie.

Sainte-Claire, Noël 1922. — Lady Johnstone revient à Sainte-Claire à la mi-décembre et ne reste que quarante-huit heures — une fois encore pour parler jardin. Edith écrit à sa nièce Beatrix Ferrand : « Nettie [Johnstone] arrive jeudi. J'ai pensé à toi. Comme cela aurait été amusant que tu sois là en même temps qu'elle ([69]) ! »

Parmi ses soucis hyérois, il lui faut encore compter avec ceux que lui cause son jardinier en chef : « Je suis en plein désarroi car je viens de découvrir de manière incontestable et évidente que mon pauvre Bérard, qui installe les murs de pierre plutôt à l'horizontale qu'à la verticale, tue les fleurs d'une main bien plus sûre qu'il ne tue leurs ennemis, chenilles et autres pucerons. Il a réussit cette année le tour de force de ravager mon jardin de la cave au grenier, même si son instinct de destruction n'inclut ni les arbustes ni les grimpants, non plus que la mer, le ciel et le soleil — ce qui fait, je te l'accorde, qu'il en reste beaucoup. Me voilà donc partie à la chasse au jardinier ([70]) », quand sa grippe du moins sera guérie.

Car, cet hiver-là, tout le monde avait eu la grippe. Martine de Béhague était arrivée à Hyères en très petite forme et la grippe de Philomène l'avait laissée accablée. Le temps lui-même s'était mis de la partie et avait tourné à la tempête. Quant à Edith, elle avait ouvert les hostilités avant même les fêtes de Noël : « Le jour de Noël, rapporte Minnie, nous allons déjeuner à Ste Claire avec Edith à peine remise de sa grippe, Norton, Lapsley & Recouly ([71]). » Là-haut, le temps changeant ajoute encore à la splendeur du spectacle : « Clair soleil froid, ciel bleu. Averse de grêle & pour finir, glorieux arc-en-ciel sous lequel tout le vaste paysage se déploie », ajoute l'invitée toujours aussi admirative de la vue depuis les terrasses. Paul y retourne le 28 décembre et déjeune en compagnie de la duchesse de Rohan ([72]).

Sainte-Claire, 1923. — Un autre sujet occupe encore Edith : elle s'est enfin décidée à prendre sa plus belle plume afin de s'adresser directement à M. le maire d'Hyères.

Très attachée à Hyères (surtout depuis qu'elle s'est installée à Sainte-Claire), elle a une requête à lui présenter : « Ma demeure étant située à l'extrémité d'un boulevard à la pente très rapide, constate-t-elle, les chauffeurs des personnes qui viennent chez moi éprouvent de grandes difficultés à gravir la montée qui démarre au tournant de l'avenue des Îles d'Or, à hauteur de l'octroi. Il y a là, en prolongement du trottoir et longeant la route nationale, une pointe très aiguë qui gêne énormément la circulation [...] Or, à ce croisement, l'artère principale est souvent encombrée par le tramway et par toutes sortes de véhicules obligés de stationner pour les formalités de l'octroi. » Elle ajoute qu'à son avis, « l'amputation du triangle signalé sur le croquis ci-joint (!) faciliterait beaucoup la prise du tournant aux autos qui montent ou qui descendent le boulevard Marie-Louise ([73]) ».

Toujours grande dame, elle ajoute qu'elle est prête à payer les frais afférents à tous ces travaux. Elle propose, par la même occasion, de faire refaire à ses frais, le crépi de la maison de l'octroi et d'y planter quelques pieds de fleurs (!) et demande expressément à M. le maire d'interdire tout affichage sur ses murs... Et puis, il y a encore le boulevard Marie-Louise qui est dans un état déplorable et qu'elle se propose (toujours à ses frais) de remettre en état... ([74]).

Que de soucis, mon Dieu ! Edith replonge dans une vilaine grippe intestinale qui la laisse sur le flanc. Même s'il reste froid, le temps a viré au beau et les longues marches, jamais ennuyeuses, les promenades autour de la baie, avec d'un côté Brégançon et de l'autre la presqu'île, reprennent — toujours trop courtes. Les amandiers en fleur de la vallée du Gapeau sont un ravissement et dans un mois ce seront les cerisiers... Sans parler des narcisses qu'on cueille à foisons et des glycines qui embaument... Tous les habitués sont fidèles au poste : Philomène, bien sûr, avec sa petite famille dans leur villa Joseph, Martine de Béhague dont la villa de La Polynésie n'est toujours pas habitable, Norton ainsi que les deux jeunes sœurs, Loubie et Renée Aynard. Tous se mettent en quatre pour réserver le meilleur accueil aux hôtes de passage : la duchesse de Rohan pour qui Edith a tous les égards, la charmante Mrs Lodge ([75]) toujours si belle avec son visage aux beaux yeux candides et loyaux, ainsi que les Prévaux.

Mrs Martineau, arrive le 18 février pour une courte visite ([76]). Les deux femmes s'entendent comme larrons en foire et Edith veut convaincre sa visiteuse de la nécessité de publier un ouvrage qui traiterait du *Jardinage dans le Midi*. Le livre sortira l'année suivante une fois qu'Edith aura promis d'en rédiger la préface : « Les pages qui suivent sont remplies de conseils à l'usage du novice. Ceux que l'auteure du présent ouvrage m'a donnés de vive voix à propos de mon propre jardin m'ont été fort utiles et je suis persuadée que même les jardiniers les plus expérimentés, y trouveront leur compte ([77]) », constate-t-elle cependant que Mrs Martineau remercie « Mrs Wharton pour ses encouragements et son aide, puisque, sans eux, ce livre n'aurait jamais vu le jour ([78]) ».

La description que l'ouvrage donne du jardin d'Edith permet de se faire une idée précise des lieux :

« Le jardin de Mrs Wharton se trouve au-dessus de la ville, dans l'enceinte du château ruiné de Hyères. On y arrive par une rue à la pente plutôt abrupte qui monte entre des alignements de figuiers de Barbarie et d'arbres de Judée. Sainte-Claire se compose d'une série de petits jardins abrités du vent et qui se chauffent au soleil, nichés qu'ils sont au creux des terrasses installées au pied des tours et des vieux murs en pierre grise. Ici poussent des narcisses et des freesias, là des roses ; sur une autre terrasse, des mandariniers et, dans un coin abrité, des camélias, des azalées et des arums, cependant que la réverbération des murs de pierre est atténuée par des caroubiers géants qui produisent une ombre dense.

» Devant la maison, se trouve une grande terrasse avec simplement un couple de platanes qui servent à faire de l'ombre. La terrasse regarde vers la vieille ville, la plaine et, au-delà, jusqu'à la mer. À une de ses extrémités, on découvre un beau spécimen de *Cocculus laurifolius,* un haut buisson arborescent qui porte de longues feuilles brillantes et persistantes d'une très jolie couleur et d'une texture fort agréable. Ce buissonneux mériterait d'être plus souvent mis en place qu'il ne l'est actuellement.

» Dans un coin du jardin de rocailles on trouve encore la très charmante *Diosma cordata purpurea* qui forme des petits buissons arrondis et couverts de mauves odorantes, cependant que le sol est tapissé de *Cheiranthus linifolius*, une autre sorte de mauve qui ressemble à une giroflée et que je recommande — bien que, dans le cas présent, elle soit naine et plutôt rampante. Derrière un énorme rocher, on découvre encore un ensemble d'*Echium fastuosum* bleu, côtoyant des *Cupheas* roux cuivré, cependant que de l'autre côté du chemin poussent des *Echium descainii* bleus et blancs derrière lesquels, s'éparpillent parmi les rochers de nombreux aloès d'un rouge brillant, certains nains comme les *Hanburyana* et les *Spinossissina*, d'autres géants comme les *Salm-Dyskiana* et d'autres encore, arborescents. Ailleurs, un coin abrité et ensoleillé est réservé à une collection de plantes rares qui viennent du Maroc et des îles Canaries. Plus loin, parmi les rochers et les agaves gris, s'étirent des *Antholyza* rouges et orange ; des *Montbretia* géants se fondent dans les buissons de lentisque couverts de fleurs rouges et duveteuses. Du *Mesembryanthemum aureum* orange tapisse le sol sous des bouquets de *Statice canariensis*.

» Du côté de l'entrée de la maison, le grand arbre de Judée planté au milieu de la cour est flanqué d'une large bordure de véroniques qui dégradent toutes les nuances de violet, depuis le plus foncé jusqu'au rose le plus pâle, cependant qu'en face, au fond de la cour, se trouve un ensemble d'*Echiums* bleus. Le côté de la maison est drapé d'*Hardenbergia* violets ; un magnifique spécimen de *Budleya madagascariensis* s'appuie au mur et ajoute sa note orange vif agrémentée d'une touche argentée. Au-dessus du *Buddleya*, on aperçoit des buissons de *Viburnum suspensum* dont les grappes de fleurs odorantes sont en pleine floraison (février et mars) et, plus haut, d'autres terrasses encore où poussent freesias et roses, de larges promenades qui serpentent entre des iris blancs et une étendue plate de pelouse qui regarde vers la mer et la plaine ([79]). »

Tel s'écrit l'univers familier dans lequel Edith Wharton évolue désormais — et sa passion.

Février s'éloigne bientôt et Mrs Martineau avec lui ; c'en est fini des interminables discussions sur les mérites de telle ou telle plante dont on se jette les noms imprononçables à la figure, celles au sujet d'une exposition trop ensoleillée ou des ravages provoqués par le vent et le gel ou du rôle primordial de l'irrigation. Edith Wharton accompagne son amie jusque chez les Johnstone et leur domaine de Fan Farigoule.

Le train-train reprend avec l'arrivée d'un jeune Américain répondant au nom de Greely (qui ne fait que passer) et d'un certain Coucy d'Arcy, jusqu'à ce que survienne enfin Florence La Farge ([80]), belle-fille du peintre de jadis. Primrose Du Bos, la fille de Charles, et son époux sont à l'Hôtel du Golf. Le beau temps s'est installé pour de bon et les paysages tiennent leurs promesses. Edith s'est remise de sa grippe intestinale et ramène Saint-André (bien vieilli, si l'on en croit Minnie) jusqu'au rustique Plantier... Ils y reviennent le lendemain : « surprise de la visite d'Edith amenant à nouveau St André & Jacques Blanche ([81]), son nouvel hôte, tellement son propre personnage qu'on demeure étonné de la voir rechercher cette compagnie — inoffensive d'ailleurs », insiste Minnie. On aurait bien tort de croire la journée pour autant achevée : arrive de Toulon, où il est de passage, Jean-Louis Vaudoyer. Le goûter se termine par une bonne causerie à propos du groupe des Jaloux, Charles Du Bos, Émile Henriot et Boulanger. Et tous repartent, mais il reste encore à Minnie de trouver le temps de lire *The Glimpses of the Moon* qui ne l'enthousiasme guère et qu'elle trouve bien singulier.

De retour à Saint-Brice, Edith ne pose guère et repart pour un ultime voyage aux États-Unis. L'Université de Yale a l'intention de l'élever au grade de docteur en littérature et l'a invitée pour la remise de son diplôme. Elle a d'abord décliné l'invitation... « Puis arrivèrent des lettres qui disaient qu'il ne s'était jamais vu aucune femme être nommée "Docteur" par aucune université aux États-Unis et que Yale avait l'intention de créer un précédent pour moi, si bien qu'il était impossible de ne pas y aller, et fort malvenu de refuser ([82]) », confie-t-elle à Berenson.

Elle rentre au début du mois d'août, est intarissable sur sa visite, fatigue passablement Minnie par son trop plein d'énergie et finit par lasser son amie — autant que Paul : « Minnie me parlant des écrivains américains (à propos d'Edith Wharton et de Henry James), rapporte Paul, me définit admirablement les Américains cultivés dont la pierre maîtresse est l'amour-propre. Ils veulent un rang. Ils ont toujours un but. Le rêve d'un championnat ([83]). » On sait bien, considérant Edith Wharton, combien Minnie touche juste.

À Paris, la chaleur est accablante et Saint-Brice devient un but idéal de promenade : « Nous allons à St Brice, goûter avec Edith. Le jardin a bien prospéré depuis l'été dernier. La maison de plus en plus élégante dans le même esprit que Ste Claire. Arbitraire et reconstitution, nulle nécessité. Edith beaucoup mieux qu'avant », note Minnie le 22 août. Edith lui a fait remettre une copie de son dernier roman qu'elle aura tôt fait de lire et dans lequel elle retrouve les anciens défauts maintes fois relevés pendant la guerre : « Je lis un peu le roman *A Son at the Front* qu'Edith m'avait montré dans sa première version. Intense américanisme à la James dans la notation de détails surtout psychologiques & avec un réalisme de détails dans la signification des choses de chez nous qu'elle met en lumière, indiquant qu'elle les *remarque* alors que nous les *vivons.* »

Mais Edith est déjà partie vers Nohant, s'arrêtant en chemin à Pontigny, chez les Desjardins ([84]) où elle déjeune en compagnie d'André Gide, de Du Bos, de Schlumberger, d'André Maurois et de Lytton Strachey ([85]). La conversation se prolonge tard dans l'après-midi et fait ses délices. Le sujet abordé par la Décade de cette année-là, « De l'existence dans chaque littérature d'un trésor réservé, un jardin clos impénétrable aux étrangers », la passionne, même si Du Bos trouve l'idée de Paul Desjardins malvenue : « Voilà un homme qu'oriente toujours l'idée de l'Europe, qui institue ces Décades pour la reprise des relations intellectuelles au sens le plus étendu du terme, qui convie des étrangers de distinction à Pontigny et cela pour les mettre, dès leur arrivée, en présence du fait qu'il y a dans notre littérature des choses qui leur resteront à jamais inaccessibles ([86]) », se lamente-t-il. Il avait donc tenté de faire dévier le sujet vers la notion d'intraduisible cependant que Mary Duclaux ([87]) mettait l'accent sur la frange de significations associées que comporte pour chacun de nous chaque mot de sa langue natale. Et c'est ainsi que le cénacle, « quittant le terrain des peuples pour celui des familles d'esprit et plus encore des sensibilités où, à travers toutes les différences de lieu, de temps, dans l'ignorance même des uns par rapport aux autres, se déclareraient de véritables affinités spirituelles ([88]) » : un sujet qui n'avait pas manqué d'arrêter l'attention d'Edith Wharton — à moins qu'elle n'ait trouvé ces querelles d'écoles confuses et, en tout cas, bien françaises !

« Il a été question de traduction », s'était-elle contentée de rapporter aux Bourget, réduisant pour eux la portée philosophique des propos. Le récit qu'elle leur en fait, bien que « pittoresque », porte sur les nerfs de Minnie : « Lamentable réunion d'esthètes égarés. Cela répugne à la pensée après les 1 800 000 morts de la guerre. Ch. Du Bos & sa femme, Lacretelle ([89]), Mme Duclaux et sa sœur. Le ménage Desjardins, managers de tout cela. D'où vient l'argent de cette *Nelle Revue Française* ? » peste Minnie qui, l'énervement gagnant, finit par s'en prendre aux malheureux dahlias qu'elle rapporte de Saint-Brice, « de cet endroit où tout est *voulu* et non *subi* ». Quant à Paul, c'est aux mannes de Stendhal qu'il en appelle : quoi, son ami Gillet participe à cette réunion de bavards imbéciles ? « Stendhal avait bien raison et le mauvais goût mène au crime », assène-t-il rageusement ([90]).

Ces querelles intellectuelles n'empêchent pourtant pas Paul et Minnie d'emmener, fin septembre, Edith et Berry visiter la bibliothèque Lovenjoul. Bouteron leur fait les honneurs des lieux et déploie une grâce et un enthousiasme fort bienvenus. « Peinture du salon de Mme Hanska à Wierzchownia, son journal (4 pages), les dessins ou planches de l'imprimerie de Balzac, des manuscrits, livres de comptes, des lettres de Mme Sand, d'autres curiosités », énumère Minnie qui admet volontiers que « E & B » se sont bien amusés. Elle n'a pourtant pas tout à fait pardonné à son amie son incartade de Pontigny et poursuit : « Un abîme nous sépare car je préfère les livres en eux-mêmes à toutes les raretés extérieures. Eux [Edith et Berry] sont connaisseurs, acquéreurs insatiables et collectionneurs de menus faits. »

Mis à part une brève rencontre entre deux portes lors d'un essayage chez leur tailleur, elles ne se verront plus avant le départ d'Edith qui, à la mi-novembre, traverse Paris et rejoint Hyères en passant par Florence et l'Italie !

1. Paul Bourget, Teddy Wharton (avec Nicette) et Minnie Bourget au Plantier.
Hyères, janvier 1904.

2. Paul Bourget au volant, Teddy Wharton et Minnie Bourget à l'arrière, le chauffeur Cook debout.
Le Plantier, janvier 1904.

3. Caricature d'Edith Wharton en compagnie de Walter Berry.
Cook au volant. *Le Rire rouge*, 22 mai 1915.

4. La villa Sainte-Claire en 1920, avant travaux.

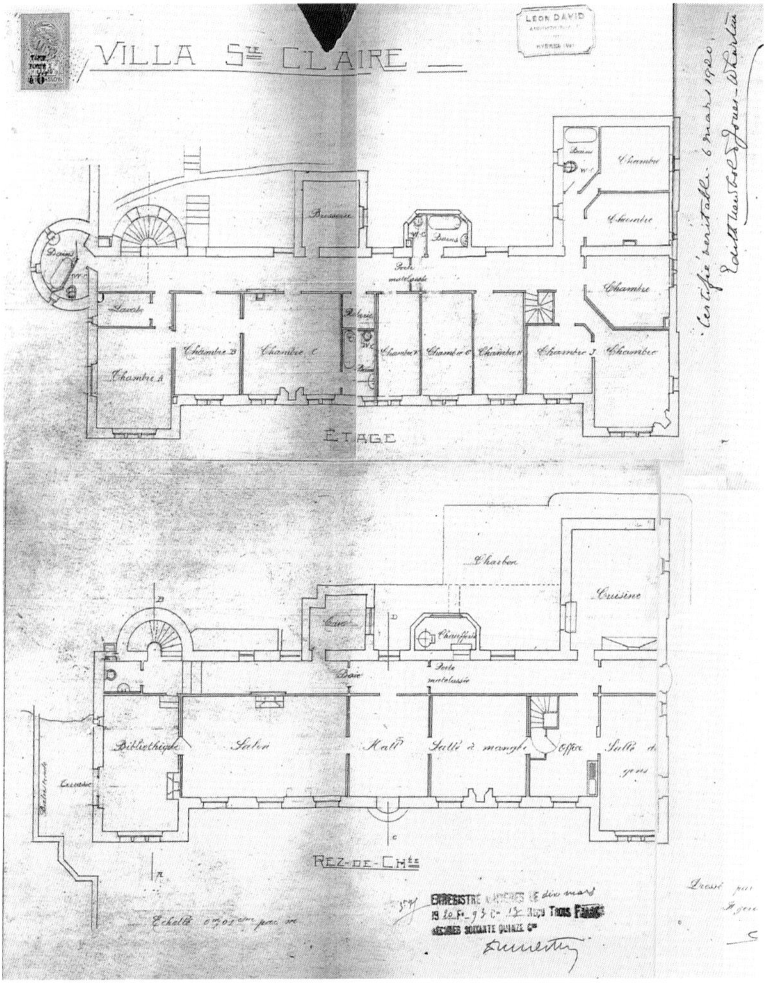

5. Plan de la villa Sainte-Claire adjoint au bail de location du 6 mars 1920.

6. Villa Sainte-Claire et Tour Sainte-Claire.

7. Entrée est de la maison avant 1927.

8. L'entrée vers la vieille ville.

9. Vue du jardin et Tour Sainte-Claire.

10. Parterre fleuri.

11. Pergola.

16. Installation d'une terrasse.

17. Les serres au pied de la villa Sainte-Claire.

18. Rangée de cyprès.

19. Edith Wharton à son bureau.

24. Edith Wharton en compagnie de jeunes amis
sur la terrasse ouest.

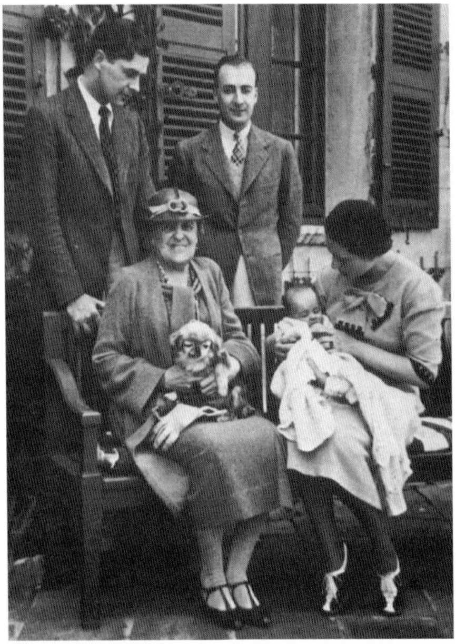

25. Edith Wharton,
Mary Tyler (et Royall
Tyler), William R. Tyler
et Stephen Runciman.

26. Le peintre Robert Norton au travail.

27. Pique-nique près de la Roquette, janvier 1935.
Edith Wharton, un inconnu, Robert Norton et Gaillard Lapsley.

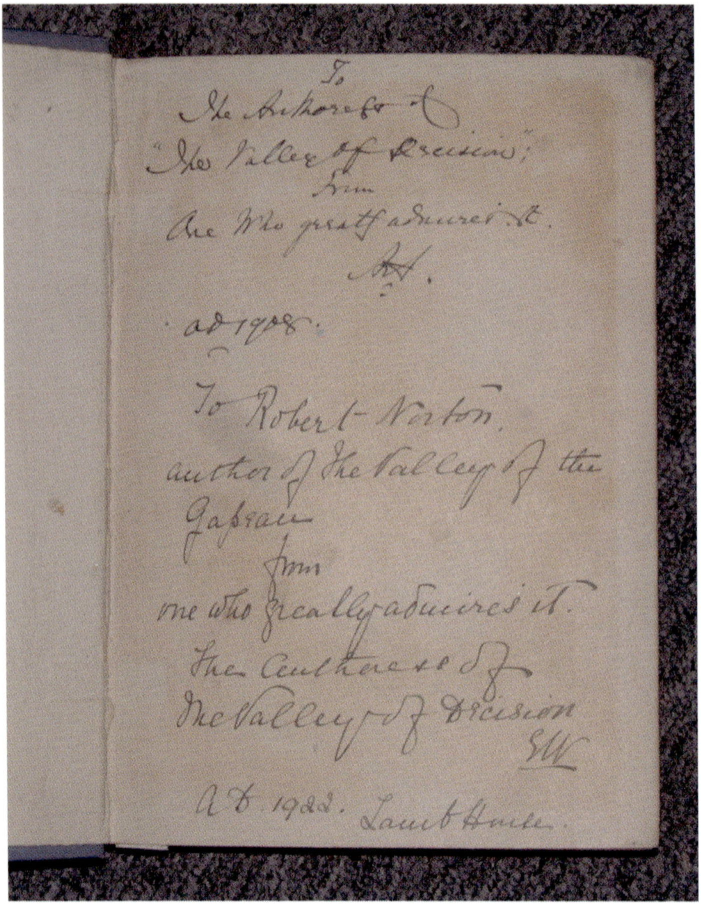

28. *Haunts of Ancient Peace* d'Alfred Austin. « À l'auteure de *La Vallée de la décision*, de la part d'un admirateur. AA, 1908. » « À Robert Norton, auteur de *La Vallée du Gapeau**, de la part d'une admiratrice, auteure de *La Vallée de la décision*. EW, 1922. »

* Rivière des environs d'Hyères.

et la maison sont en alignement par rapport à la falaise sur laquelle ils sont construits — d'où ses subtilités et cette impossibilité de construire face à la maison, comme à Saint-Brice ou dans les autres jardins méditerranéens dont elle s'inspire.

Edith s'est enfin débarrassée de son jardinier en chef lorsque commence la période faste du jardin. Elle commande des quantités considérables de bulbes et de graines, tant pour Saint-Brice que pour Hyères. Elle se procure de nouvelles plantes chez ses amis jardiniers, dans les serres locales et le major Johnson lui en fournit depuis Hidcote. Elle passe commande chez Vilmorin ou chez Gérard Telkamp pour ses oignons de tulipes et d'iris et reste inlassablement à l'affût de nouveautés : « Une nouvelle rose, merveilleuse, une hybride grimpante appelée H.V. Machin (*sic*), qu'elle vient de découvrir sur une maison hyéroise et qui ne semble en rien affectée par la force du soleil et les tourments du vent ([96]). » Elle trouvera bientôt un complice dans la personne de Charles de Noailles, son voisin, lui aussi grand amateur de jardins.

Elle note dans son éphéméride l'apparition de nouvelles floraisons comme autant de nouveaux amis qui la visitent : « 6 février : Glycines en fleur sur la terrasse ! 26 février : Arbres de Judée et les arums en bourgeons. Anémones en pleine floraison. 20 avril : Rossignols enfin de retour à Ste Claire » — ou encore à l'adresse de son jardinier : « Transplanter les *Brachysema latifolia* de chaque côté de la petite fontaine et les remplacer par des capucines doubles [...] Déplanter les *Pyrus japonica* de la bordure de la grande terrasse en haut et les mettre à mi-ombre sur la nouvelle terrasse ouest ([97]). » Et devient lyrique « lorsque les pêchers et les cerisiers sont en pleine floraison, que les dernières tulipes, les narcisses, les renoncules, les anémones et les iris s'épanouissent enfin et se mélangent aux roses, aux lilas et aux pivoines et que tous forment un chœur puissant qui n'est pas sans évoquer les dernières lignes de l'*Hymne à la joie* de Schiller auquel Beethoven a su donner les ailes de l'immortalité ([98]) ».

Les Bourget voient pourtant ses efforts d'un tout autre œil et dénoncent volontiers une volonté de bien faire poussée jusqu'à l'absurde (« Trop nettoyé et si élégant d'esthétisme ([99]) », avait, dès le départ, commenté Minnie), un goût tout anglo-saxon de l'ordre que vient encore renforcer la personnalité d'Edith : « Ce n'est pas un jardin, ce sont des appartements ; toutes les terrasses sont si personnelles, si adaptées, qu'elles appellent le séjour », ajoute Francis Carco lors de sa visite de 1924. Et Paul de se souvenir pour l'occasion d'une remarque de Joseph Aynard sur Edith « qui sait tout de la France sans en être et tout de l'Amérique sans y habiter », et d'ajouter pour son compte personnel « qu'elle exploite la végétation du pays en la comprenant admirablement et en fait un ensemble qu'aucun habitant du pays n'aurait fait. De là cette impression d'esthétisme. Rien n'est beau, tout est charmant ([100]) ».

Il est pourtant bien incapable de lui prodiguer les conseils dont il avait été autrefois prolixe à Newport, le sujet lui étant cette fois totalement inconnu. Lui serait plutôt, à la mode ancienne et selon les critères de Mrs Martineau, un chaud partisan des plantes-en-pots dont il possède toute une collection qu'il sait ranger sous les balcons du Plantier, avec escaliers contre le mur à cet effet, lorsque survient le gel ! Pauvre Bourget qui ne réserve plus aucune surprise lorsque l'agacement à l'énoncé de ses aphorismes les gagne tous, et qui a, décidément, fait son temps.

Il n'empêche qu'entre deux séances chez le dentiste à Cannes où elle se fait soigner les dents, Edith continue de promener son petit monde. Guillemin vient d'arriver et Fabre-Luce, jeune homme intelligent et sûr de lui, a eu droit à son thé au Plantier cependant qu'Elisabeth da Costa, Arlette Nivelle (la fille du général), Mme de Brimont ([101]) sont descendues toutes trois à l'Hôtel d'Albion. Giboulées, pluie, ciel brouillé : le mauvais temps s'est déchaîné et les cieux semblent devoir leur tomber sur la tête. Mais voilà qu'à l'invitation d'Edith, arrive enfin le bon abbé Mugnier ([102]). Non pas que Minnie l'apprécie trop. Elle préfère, et de loin, l'abbé Bremond, plus réservé, ou le chanoine Jacquelin ou Mgr Rivière qui vient de temps en temps dire la messe dans la chapelle privée du Plantier. Au brave abbé Mugnier, elle reproche trop d'excitation — et surtout, d'être « trop au courant de tous les dessous des vies auxquelles il est mêlé. Sa charité est réelle, mais il ne montre pas assez de réserve digne ». Il n'empêche qu'il est à Sainte-Claire depuis le 17 mars, qu'on y déjeune le 30 mars en sa compagnie, celle de Mme de Brimont, de Philomène et des Bourget. Le lendemain, Edith a organisé, sur les hauteurs d'Évenos, au-delà de Toulon et d'Ollioules, un monstrueux pique-nique. Et ce jour-là, elle s'est surpassée ! Doris Charnand, Mme de Brimont, l'abbé Mugnier, les Bourget, Edith et ses paniers embarquent à bord des deux voitures. On se donne rendez-vous « Porte de Marseille », à Toulon… Et l'on se rate — chacun s'égarant de son côté… pour finalement se retrouver à Ollioules, avant de grimper dans la colline. Superbe chaos de rochers et nobles pentes, l'âme de l'abbé, assis sur un rocher, s'exalte : « C'est du Watteau ! Nous vivons dans un tableau de Watteau ! » va-t-il répétant. Edith, l'abbé et Minnie montent jusqu'à de vieilles ruines pendant que Paul et ces dames rejoignent une guinguette proche. Au retour, ils déposent l'abbé à la gare de Toulon. Mécontent d'avoir cédé au caprice d'Edith pour une sortie qu'il estime ratée, Paul est de fort méchante humeur : « Notre pauvre amie Edith est toujours agitée. Elle ne peut se reposer. C'est l'activité américaine fonctionnant dans une vie qui devrait être de rêve et de loisir. Étrange incapacité d'adapter les facultés héréditaires. Elles travaillent en nous alors que nous n'avons plus les besoins qui les ont produites », note-t-il le soir même — alors qu'à Sainte-Claire, les visiteurs s'éternisent et que Sir Lewis Mallet, la cinquantaine, un peu esthète et propriétaire d'un palais à Venise, s'y arrête pour prendre le thé et se désespère de l'actuelle politique anglaise…

On a longtemps dit qu'Edith Wharton appartenait à ses deux pays, à la fois à la France et aux États-Unis. Cela est sans doute vrai jusqu'à la guerre. Il devient pourtant évident qu'après la guerre elle n'appartient plus ni à l'un ni à l'autre, qu'elle s'est créé son propre territoire, allant jusqu'à défendre ses frontières — louant, par exemple, la Tour Jeanne et achetant d'autres parcelles de terrain afin d'éloigner encore un peu plus les importuns. Sur son territoire, ainsi délimité, elle installe un paysage, des jardins, un décor, des maisons, des ressources culturelles (bibliothèques) qu'elle se construit de toutes pièces.

Ainsi, son désir de s'agrandir la retrouve le 28 février 1924, chez Me Henri Boissonnet, occupée à acheter une bande de terre de 4 000 m^2, portant le numéro 11 au cadastre, jouxtant à l'est le chemin du Puits-Saint-Pierre, au sud et à l'ouest le parc de Sainte-Claire et le domaine de la Société immobilière hyéroise : un terrain de labours, de vignes, d'arbres fruitiers et de cultures maraîchères, avec ses attenances et ses dépendances, qu'elle paie 8 500 francs. Il est vrai qu'il court des bruits étranges en ville et plus particulièrement, qu'à l'autre bout des remparts par rapport à Sainte-Claire, viennent de s'installer les Noailles (Marie-Laure et Charles) qui tentent, sans grand succès, de construire une maison qui ne ressemble à rien, mais que Mme Wharton aperçoit de ses fenêtres et qui risque fort de gâcher le paysage et l'environnement de son jardin et cela, très franchement, n'est pas pour lui plaire — même si, à Sainte-Claire, elle cultive aussi ses originaux.

Et puisque la mode est aux personnages hors du commun, 1924 voit apparaître le jeune William Gerhardi ([103]). Edith, qui a beaucoup admiré *Futility* et jugé qu'il s'agissait là d'un vrai chef-d'œuvre, rédige une préface pour l'édition américaine. Le « pauvre petit Gerhardi », comme elle l'appelle volontiers, est là pour dix jours. « C'est un grand timide et il ne sait rien du "monde"— non plus que de notre petit groupe ici, à Ste Claire, mais il est curieux de tout, rempli de théories fumeuses sur son art, trop pauvre pour acheter des livres et trop ignorant pour savoir ce qu'il faudrait acheter, même s'il en avait les moyens ([104]). » Le jeune homme inspirera plus tard le personnage de Chris dans *Les dieux arrivent*, seul roman de toute son œuvre situé sur la Côte et qui décrit un endroit retiré du monde qu'elle nomme « Oubli » — pour un jeu de mot sûrement inconscient, mais très révélateur : « Oublier Hyères ! »

Pendant que les Bourget s'attardent sur place, Edith, accompagnée de Minnie Jones, fait un détour pour une cure à Salsomaggiore, le temps que ses amis se décident à rentrer à Paris. Ils tentent, dès juin, d'aller à Saint-Brice. Une première fois, leur voiture crève en chemin et après moult délais, ils ne doivent leur salut qu'à Favre ([105]) venu les secourir à motocyclette depuis Saint-Brice. Une autre fois, Edith est absente, partie pour Fontainebleau.

Mis à part trois rencontres, ils se sont peu vus. Leur visite de l'après-midi du dimanche 14 juin est pourtant un succès. Le temps s'est agréablement rafraîchi. Ils ont pris en passant les Saint-René Taillandier ([106]). L'accueil d'Edith est charmant, le jardin enchanteur. Martine de Béhague et Paléologue sont là pour le déjeuner et partent vite. Mais comme à l'habitude, survient trop de monde : un ménage américain, cousin de Berry, Lady Lindsay, une Américaine mariée à l'ambassadeur anglais à Constantinople, Berry, Rodier — et Norton, comme de bien entendu. « Tout ce monde semble déconcerter Edith elle-même », remarque Minnie.

Sainte-Claire, Noël 1924. — Pourtant Noël retrouve les deux amies pour un déjeuner à Sainte-Claire, sur les lumineuses hauteurs de la colline hyéroise. Paul qui souffre d'un mauvais rhume est resté au Plantier, mais Norton et Hugh Smith sont fidèles au poste. On sert du pudding — « comme aux repas des Noël d'antan, chez les Du Bos », se souvient Minnie et puis on monte aux divers étages du jardin, toujours agrandi, toujours embelli, de plus en plus aménagé. Sir Mark Collet et sa belle-sœur, Lady Stanford, ont loué le Bocage : « Elle, avec des gesticulations de la main dont les gestes suivent la pensée, une extrême tenue du visage et des manières ; lui, se croyant en Provence au Bocage ([107]) ! » note Minnie. Et il n'existe aucune raison pour qu'eux aussi ne s'intègrent pas au reste de la colonie.

Sainte-Claire, 1925. — Les bonnes habitudes reprennent et, dès le 11 janvier, les Bourget montent goûter à Sainte-Claire en compagnie de Norton, Lapsley et des Prévaux. Ils renouvellent leur visite le 25 janvier et rencontrent Mrs Chanler, ses deux fils et Norton. Le 8 février, Edith rentre de Cannes avec la grippe et refuse de les recevoir. Le 13, le goûter est fort agréable, même si Edith, fort amaigrie par sa grippe, ne tient pas en place. Lawrence Johnston est son invité pour quelques jours. La vieille Vernon Lee ([108]), désormais sourde, arrive à Sainte-Claire en février. On y goûte de compagnie le 17 et de nouveau le 24 février, puis le 4 mars, en présence de Martine de Béhague et de Philomène. Edith part en fin de semaine pour Paris afin d'y voir son oculiste et Minnie craint quelque chose d'ennuyeux.

La semaine suivante, Edith est à nouveau souffrante et alitée. Comment dans ces conditions recevoir ? « Elle semble si lasse et si préoccupée ! » note Minnie. Or la saison bat son plein : Sir Mark et Lady Stanford ne quittent plus Le Bocage ; J. de Noirmont et les Guillemin (père et fille) viennent d'arriver ; Rodier, M. de Dampierre et sa belle-fille, Berthe de Ganay, Recouly sont des hôtes occasionnels, alors que ceux sur place, ces dames Lévis-Mirepoix y ont leurs habitudes. Mais c'est Mme de Béhague qui, cette année-là, avec sa tribu installée à La Polynésie, crée l'événement : les Berckheim ([109]), Verdé Delisle, Mme Weeg et surtout Paul Valéry qui, « subtil manœuvrier (selon Minnie) et causeur remarquable, avec peu de trace de vie végétative chez lui — de la réflexion, mais sans méditation », y réside à demeure. Leur horde monte parfois jusqu'à Sainte-Claire où, d'autres fois, Paul Valéry y va seul pendant que Sinclair Lewis ([110]) vient régulièrement prendre le thé.

De retour à Saint-Brice, Edith ne tient décidément pas en place, même si, au mois d'août, le jardin est un havre de paix où l'on s'attarde volontiers. La sœur de Sally Norton ([111]), installée pour un mois chez Edith, lui tient compagnie ; Berry y vient déjeuner ; les Jusserand, les Corpechot ou Guillemin ou Mrs Lodge et sa fille, débarquent à l'improviste. Parfois arrive encore Mrs Walter Gay, « étonnante septuagénaire », selon Minnie... Edith leur annonce enfin son départ pour l'Espagne. On se retrouvera en octobre.

Les visites à Saint-Brice pèsent chaque fois davantage aux Bourget. Ce jour-là, Ogden Codman, « gros et puissant seigneur à l'Hispano-Suiza » qui vient d'être nommé directeur de la nouvelle École des beaux-arts à Paris, colonise la séance et le retour sur Paris, mêlé au flot des « *weekenders* » et de leurs phares par trop éblouissants, les fatigue au plus haut point. Et lorsque Edith, le 4 novembre, s'installe pour trois semaines au Crillon, au moins, se dit-on, elle est à portée de main —, et peu importe si son salon sous les toits est trop minuscule pour recevoir autant de visiteurs. Placci ([112]) s'ajoute au groupe habituel, Mme de Béhague s'est fait couper les cheveux... Sans parler du ménage des Beaumont ([113]) qui, spirituels et sinistres à la fois, rapportent les derniers ragots tout en vantant les mérites de la Société des nations… « Dieu nous protège », conclut ce soir-là Minnie.

Sainte-Claire, 1926. — « Dieu nous protège », répète-t-elle le 1er janvier de l'année 1926. « Que m'arrivera-t-il cette année, oh mon Dieu ? Je n'en sais rien. Tout ce que je sais, c'est qu'il ne m'arrivera rien que vous n'ayez réglé et prévu ([114]). »

Malgré les sinistres prémonitions de Minnie, l'année commence pourtant sous de bons auspices. Le 10 janvier, Edith les a conviés à déjeuner à Sainte-Claire. Et il y a aussi spectacle : « La jeune Eileen a très gentiment dansé, pieds nus et guère vêtue, une danse grecque & une danse dite de charmeuse de serpents en costume approprié. Grâce sans mystère et cela nous donne plutôt de la mélancolie, malgré l'inconvenance évidente », commente Minnie. Paul, lui, a un point de vue différent de la scène : « Avant le déjeuner, une enfant de 14 ans danse sur la terrasse, les jambes nues, avec un petit caleçon et une toute petite veste. Elle est souple et déjà femme, avec une grâce instinctive. Un gramophone rythme ses mouvements. Elle apparaît ensuite en Orientale avec son pantalon de simple soie rouge et un caraco brodé. En face est St Paul avec son architecture d'église forteresse du Moyen Âge. Des colombes blanches volètent sur les arbres et la terrasse. Nous sommes dans le total dilettantisme ([115]) », ajoute-t-il en forme de morale.

Le 13 janvier, en tempête de neige, verglas et glace, le mauvais temps s'abat comme une apocalypse sur le pays. Le 24, Minnie monte prendre le thé à Sainte-Claire et y retrouve Mrs Chanler, Mme Dufour, Mme de Lauris et les Jaubert, « dans une atmosphère sans intimité, malgré la parfaite hospitalité d'Edith ».

Le 12 févier, Minnie signale la présence de Berry à Sainte-Claire, cependant qu'elle monte chez les Noailles dans la villa que vient d'édifier l'architecte Mallet-Stevens : « Été chez les cubistes, note-t-elle, à St Bernard où ces aimables insensés ont gâché un beau site mais dont la vue sur la mer et les îles ne peut être déshonorée par leur folie. » Le 21 février, alors qu'elle rentre de La Polynésie, Minnie se casse le col du fémur et commence d'abandonner pour la première fois depuis tant d'années la rédaction de sa page journalière.

Quant à Edith, sans qu'elle n'en dise mot, la nostalgie des jours anciens se fait de plus en plus sentir : installée sur sa terrasse hyéroise, elle feuillette volontiers les pages de sa *Croisière du Vanadis*, le journal qu'elle avait autrefois tenu lors de son périple méditerranéen. C'était désormais certain, elle referait le voyage. Au printemps 1926, elle embarque dans la baie d'Hyères à bord de l'*Osprey*, un yacht loué pour la circonstance. Walter Berry et Berenson lui ayant fait faux bond, Robert Norton, Daisy Chanler et Harry Lawrence l'accompagnent. « Si je reviens un jour à Athènes… », avait-elle écrit en 1888 lors de sa première croisière. Cette promesse-là, du moins, serait tenue. C'est dans la même veine qu'elle sacrifie encore, à l'automne de la même année, au pèlerinage des Alpes bergamasques, celles d'autrefois et du joyeux voyage en compagnie de Teddy et des Bourget. Elle part avec Walter Berry et rentre le 1er octobre.

À Paris, dès le début de l'été, Minnie a repris la rédaction épisodique de son agenda. « Allés à St Brice. Vu des photographies de Giens. Edith nous lit quelques pages de son roman *Twilight Sleep*. » Une autre page encore. « Paul et moi à St Brice où Edith *has her idea of a quiet day*. Les Garrett ([116]) & Berry venaient de partir après avoir déjeuné. Edith était avec « *the other Minnie* » et son ami Geoffroy Smith (un aimable *fellow* de New College, un peu esthète). Sont arrivés les Bricard, une dame et M. Ségnier. Cela a fait une table à thé assez animée. » Une autre fois Minnie nomme G. Scott ([117]) ou Hugh Smith ou Léon Bélugou qui fait sa réapparition le 16 août d'abord, le 29 ensuite à l'occasion d'un déjeuner.

La dernière entrée que nous donne Minnie concernant Edith est dédiée à Berry. « Lundi 15 novembre 1926 : Edith est très préoccupée avec Berry que Martel a opéré en pleine crise d'appendicite. » Le reste est silence ; sauf de la part de Paul, qui continue sur le même sujet. « Samedi 22 janvier 1927 : Mauvaises nouvelles d'Edith qui écrit du Crillon. "Je suis si seule dans ce triste palais." Formule pathétique de femme riche. WB est atteint de cécité et de surdité. Pensé à Teddy. » Le reste est encore silence, car le malheur vient de sonner à la porte des Bourget avec Minnie qui glisse peu à peu dans le « mentisme » et qui, dans une première phase de la maladie, passe en revue les noms de ceux qu'elle a connus, comme si elle relisait à l'infini les pages de ses agendas : « les noms propres se succèdent dans son esprit, indéfiniment, avec une angoisse de savoir s'ils représentent des vivants ou des morts. C'est un état qui participe de la fuite des idées et de l'obsession », se désole Paul. Cela est bien triste, mais encore supportable. Elle ne le reconnaîtra bientôt plus lorsqu'il lui rend visite plusieurs fois la semaine dans l'institution du Vésinet où il s'est décidé à la placer. Paul n'est plus que l'ombre de lui-même et se défait au même rythme que sa chère Minnie. Ils ne font qu'entamer la longue liste des malheurs qui attendent Edith : les Furies ont frappé à sa porte et ne la lâcheront plus de sitôt.

Les Furies

La dénomination « Sainte-Claire-du-Château » qu'Edith Wharton choisit d'adopter pour en-tête à son courrier ne signifie en rien que Sainte-Claire soit un château, mais que la maison est implantée sur le site du Vieux-Château. Animée du désir de conquête, Edith continue d'agrandir son territoire repoussant ses limites toujours plus loin vers le sommet de la colline. Elle franchit bientôt une étape décisive en devenant propriétaire. La disparition des Bourget du paysage hyérois marque encore une autre étape dans ses relations sociales. C'est par leur entremise qu'elle avait fréquenté la société des hivernants français et avait participé au va-et-vient des visites que le Tout-Paris rendait au Plantier. Lorsque Minnie tombe malade et que les Bourget, pour la première fois depuis tant d'années, ne rejoignent pas leur villégiature hyéroise, le mouvement s'arrête net et les visiteurs français d'Edith se font plus rares. Au fil des années et mis à part quelques fidèles, le cercle de ses relations va se rétrécir aux seuls Anglo-Saxons qui, souvent en route pour Cannes, Nice ou Monte-Carlo, s'arrêtent chez elle en passant.

Mais c'est l'accueil de ses invités d'aujourd'hui, et à cause des quelques mètres qu'il leur faut parcourir avant de franchir son portail, qui lui fait pour le moment souci : l'état de la route qui mène à sa propriété est une fois de plus à revoir lorsque rebondit le feuilleton du boulevard de la Pierre-Glissante. N'avait-elle pas déjà, l'hiver dernier, tenté d'en réparer le revêtement — à ses frais et sans grands résultats ? Elle exige cette fois du maire « que les travaux soient faits comme pour la construction d'une route nationale » et propose à nouveau de participer aux frais, mais à une condition : que les travaux soient achevés avant le 20 janvier ([1]).

Il faut dire que ce maudit boulevard lui est comme une épine au pied. D'autant plus qu'elle s'ennuie ferme et ne sait de quel côté se tourner ([2]). Seuls Philomène et Gerhardi sont présents sur place et elle ne peut guère compter sur eux pour la distraire.

Gerhardi vient en effet de réapparaître sur la Côte en compagnie de sa mère. Il s'est trouvé un toit (un toit qui prend l'eau, mais un toit) dans la banlieue de Toulon et s'est procuré un cheval et un cabriolet afin de faire les aller-retour entre Toulon et Hyères — au grand dam de Mrs Wharton qui insiste beaucoup pour lui procurer une petite Citroën… « Lorsque je lui dis sur le ton du reproche que mes visites à cheval ne semblaient guère la réjouir, elle m'a rétorqué : "Je ne voudrais pas avoir l'air de vous snober, mais j'avoue que je n'apprécie guère que votre cheval vienne brouter mes meilleures poires." Il faut dire que les jardins de Mrs Wharton sont célèbres et qu'elle se montre, non sans raison, fort tatillonne à leur sujet ([3]) », admet l'importun.

Quant au petit groupe des habitués, Gerhardi témoigne encore que, « à quarante kilomètres de Toulon et à égale distance de Hyères, habite Mme de Béarn [Mme de Béhague, à La Polynésie], un personnage à mi-chemin entre Mrs Guinnesss et Lady Cunard. Elle et Mrs Wharton se partagent tout ce qui possède un nom en littérature ou dans le domaine artistique — autrement dit, ceux qui n'ont pas seulement pour nom celui hérité d'illustres parents. C'est ainsi que j'ai rencontré Paul Valéry à Sainte-Claire. À la fin du récital qui s'y donnait, Mrs Wharton a secoué la tête en disant : "C'est bien, mais je pense aussi à la simplicité et à la modestie de quelqu'un comme Bach. Non et non, les grandes âmes ne ressemblent en rien à ce que nous venons d'entendre !" Un autre jour, c'est la princesse Bibesco, vrai personnage rabelaisien, qui nous submerge sous un flot de paroles. Ni Edith Wharton, ni moi, ni personne n'avons pu placer un seul mot » ; et Gerhardi d'agrandir son cercle en ajoutant que, « sur la colline hyéroise, le très moderne comte Charles de Noailles et sa jolie femme se sont fait construire une forteresse futuriste, cependant qu'Édouard Bourdet ([4]) et sa femme vivent retranchés dans une maison perchée sur la falaise de Tamaris [...] Quant à la comtesse de Lévis-Mirepois, elle se contente de modestes sauteries littéraires. Heureusement que mon cabriolet m'a rendu toutes ces choses accessibles, car ma vie ici aurait été insupportable ([5]) ».

Lawrence Johnston passe encore quelques jours à Sainte-Claire à la fin novembre, mais ne pose guère. Est-ce pour tromper sa solitude et son ennui qu'Edith s'est lancée dans de grandes manœuvres territoriales ou est-ce l'idée que son jardin requiert un cadre plus adéquat ? Elle se décide à devenir propriétaire pour de bon — d'autant plus facilement qu'elle croit sa réputation d'écrivain définitivement établie et que ses droits d'auteur lui permettent toutes les folies. Walter Berry est encore sur place à la fin de l'année qui l'aide à formaliser à son achat, « du centre et tout autour, jusqu'à la mer ! ([6]) », plaisante-t-elle.

Elle sait que les Noailles s'agrandissent et achètent, près de la porte de la Souquette, tous les terrains qui sont à vendre. Elle a donc entrepris des tractations avec la Société immobilière hyéroise afin qu'on lui vende non seulement le domaine qu'elle loue, mais encore le reste des terrains qu'Alfred Pechiney possédait autrefois dans la colline. L'acte est signé le 2 avril 1927 chez Me Boissonnet à Hyères. Il mentionne, en plus du domaine actuel (le Castel Sainte-Claire, son parc, la Tour Jeanne, les garages du boulevard de la Pierre-Glissante, à l'entrée ouest du domaine), l'acquisition de la villa de la Pierre-Lisse et des constructions attenantes : deux garages dans le terrain, une construction à usage des domestiques dans la rue de la Montée-Saint-Bernard — pour ce qui est du moins des environs immédiats ; mais encore, des terrains à l'extérieur du rempart ouest, au lieu-dit « les Jardins du Maurel », jusqu'au boulevard de la Pierre-Glissante et, remontant vers le nord, d'autres terrains au Maurel méridional, situés à l'extérieur des remparts jusqu'au sentier du Beau-Vallon et au chemin du Château. Mais son coup de maître est l'acquisition de la partie de la colline à l'intérieur des remparts, jusqu'à la porte de la Souquette, avec un terrain et son logement de jardinier (appelé Pavillon Massillon), juste en face des Noailles, à l'autre bout de la rue Saint-Pierre ! Le tout payé 1 250 000 francs, en billets de la Banque de France ! Seule une bande de terrain avec une ruine et un oratoire, le long de la rue du Puits-Saint-Pierre et de la rue Saint-Pierre, côté colline, lui échappe encore. Elle finit par l'acquérir en 1930 lors de l'adjudication sur saisie de la succession de Mme veuve Wroomont — Louis Pascotto, banquier, lui servant d'intermédiaire et de prêteur. Mrs Tyler, sa future héritière, la revendra plus tard aux Noailles, en même temps qu'un terrain construit situé dans la même rue, côté ville, ainsi qu'une paire de maisons rue Sainte-Claire ([7]).

Enfin propriétaire des murs de la villa, des remparts, poternes, bois, oliveraies, vignes, tours, citernes, jardins, maisons et cabanons alentour et de douze hectares en colline, Edith se doit désormais d'envisager d'agrandir le bâtiment qu'elle habite.

Des transformations en effet s'imposent : ses gens sont logés à l'étroit et elle-même ne dispose que de trois chambres pour ses invités. Elle fait donc construire l'actuelle aile est où les domestiques s'installent et agrandit ses propres appartements au corps principal de la maison. Elle déplace sa bibliothèque vers une pièce plus vaste située à l'est : « Ordre ayant été donné à Lapsey et à moi de classer les quelque deux ou trois mille livres qui étaient alignés en piles à même le sol du salon, raconte Norton, nous nous y collâmes sans trop d'enthousiasme, mais avec courage. Cependant, lorsque notre hôtesse vint inspecter notre travail et nous donna l'ordre de tout remettre à terre, nous nous éclipsâmes, je m'en souviens, dans la tour la plus proche ([8]). » L'escalier en colimaçon situé au fond de l'ancienne bibliothèque est muré. Il est remplacé par un autre, ajouté au fond de la maison, contre la paroi rocheuse et orné d'une rampe en fer forgé joliment travaillé. Plus vaste et plus pratique que le précédent, il débouche directement dans le hall. Elle décide encore de déplacer la cuisine, d'installer un autre escalier pour ses gens et de creuser de nouvelles caves. En un mot, elle prend ses aises. Sa nostalgie plus que jamais à l'œuvre, la maison ainsi remodelée et agrandie, tourne définitivement le dos à la falaise et à ses fantômes et ressemble chaque jour davantage à *The Mount*, sa maison d'autrefois dans le Massachusetts : même construction en U, même aile dédiée aux gens de maison, même type d'escalier et de mobilier, mêmes séparations extérieures en treillage de bois et même vue jusqu'à l'eau depuis la terrasse.

Ainsi va Edith bâtisseuse, une Edith de plus en plus confrontée à l'autre versant des choses et qui lutte avec toute l'énergie dont elle est capable pour garder son monde en bon ordre de marche.

Le sort s'acharne pourtant. Walter Berry, l'ami le plus cher d'entre tous, meurt le 12 octobre 1927 après une seconde attaque de paralysie : « Walter est mort ce matin, écrit-elle. Hier après-midi, je l'ai tenu dans mes bras et je lui ai parlé du bon vieux temps. Il s'est souvenu et a serré ma main. Toute ma vie part avec lui ([9]). » À Léon Bélugou, elle signale par un mot rapide le jour et le lieu de l'enterrement : « Plus ne m'est rien, lui écrit-elle fort poétiquement. Mais votre sympathie me touche infiniment. Il vous aimait beaucoup. Le service aura lieu lundi à 11 hres en la Cathédrale Américaine, Avenue George V ([10]). » Elle assiste au service avant de rejoindre son cher Hyères. Elle y sera encore au printemps suivant à travailler à son jardin.

Celui-ci continue de prospérer, même si chaque hiver apporte son lot d'incertitudes. Les Furies cependant veillent et la catastrophe approche à grands pas. L'hiver 1929 lui sera fatal — irrévocablement fatal : « Oh, Gaillard, écrit-elle à Gaillard Lapsley devant son jardin dévasté par le gel, j'ignorais que mes vieilles fibres fussent aussi intimement liées à ces racines et à ces vrilles ([11]). » Janvier et février avaient été terribles : tout, cette année-là, avait gelé, jusqu'aux conduites d'eau dans la maison ; les jardins avaient été entièrement dévastés et ses fameux caroubiers, irrémédiablement perdus, les « Furies » n'ayant *rien* épargné. C'est encore à son éphéméride qu'elle confie sa détresse. « 4 janvier : Fierté de mon jardin, la neige a cassé mes deux merveilleux caroubiers. Même un jardin ne vaut pas la peine qu'on se fasse tant de souci ! Arbres et buissons détruits et arrachés. — 15 février : Jardin ravagé. — 21 février : C'est une vraie torture pour moi de penser que l'état de mon jardin empire de jour en jour. — 23 février : Terrible sécheresse. Dernier espoir perdu de sauver quelques plantes ([12]). »

Pire que des enfants, ses jardins la soucient, et même si celui de Saint-Brice ne pose guère de problème, celui d'Hyères est son enfant terrible, celui auquel elle tient sans doute plus encore. Le désastre la touche au point qu'elle en tombe malade et que l'on croit à une crise cardiaque. « J'avais cru que l'amour des jardins offrait l'immense avantage d'empêcher d'avoir le cœur brisé, mais je crois bien avoir inventé une nouvelle sorte d'amour ([13]) ! » écrit-elle ailleurs. Cette année-là, elle retourne à Hyères dès octobre, trouve un nouveau jardinier, écume avec lui les serres du voisinage, fait venir toutes sortes d'horticulteurs et de spécialistes et reconstruit un jardin qui, à la surprise générale, sera prêt pour l'habituel rassemblement des fêtes de Noël. « Les ruines furent réparées, les bordures restaurées, mais des cicatrices demeurèrent, sans doute autant dans le cœur d'Edith que sur le terrain lui-même », devait constater Gaillard Lapsley ([14]).

Janvier retrouve Edith sur pied : « Le dernier jour de l'année [1929] a été un vrai délice. Robert, Lapsey, B.B. [Berenson] et moi avons pique-niqué sous les murs du château de Solliès-Ville et avons fait une longue promenade dans la montagne sous les pins et les oliviers ([15]) », écrit-elle à Elisina Tyler sans qu'il soit pour autant question de la mésaventure dont Berenson a été la victime.

Lui, n'en revient toujours pas. Lors d'un déjeuner chez les Noailles où il était invité, Cocteau n'avait-il pas eu l'audace de lui présenter, accroché au mur du salon, un tableau peint par Picasso, tout en déclarant que c'était là un chef-d'œuvre aussi achevé et parfait que ceux de Raphaël ? L'éminent spécialiste de la Renaissance italienne qu'était Berenson n'y avait vu qu'un petit cercle, un morceau de journal en forme de colonne et un bout de toile à sac couleur marron et, comme il protestait de la valeur du travail, s'était heurté aux arguments de Cocteau s'exprimant dans un charabia esthétisant et totalement abscons, cependant que Marie-Laure se repoudrait nerveusement le bout du nez afin de maîtriser le fou rire qui la gagnait. La farce, montée de toutes pièces par Cocteau, était l'une des anecdotes favorites de Charles de Noailles ([16]).

Il n'empêche qu'à Sainte-Claire, Noël demeure le moment du ralliement. Celui de 1930 voit surgir Aldous Huxley, grand jeune homme mince, fort myope et de petite santé qui se fera bientôt un nom dans la littérature avec *Brave New World*. Il reviendra régulièrement, amenant à l'occasion Bronislaw Malinowski ([17]). Le prochain personnage d'importance à s'arrêter à Sainte-Claire est Kenneth Clark ([18]), un autre jeune homme plein de vie et de promesses, avec qui elle établit des liens de franche camaraderie et d'estime réciproque. Voilà pour ce qui est du sang jeune et nouveau dont la compagnie plaît tant à Edith. Cela n'empêche pas les accès de nostalgie et c'est encore Morton Fullerton qu'elle essaie d'attirer à la villa : « Venez ! » lui écrit-elle de Sainte-Claire le 8 février 1931. « Je vous promets que Hyères est un désert social, que mon cuisinier s'y connaît en régimes et saura suivre le vôtre, que je travaille (ou jardine) tous les matins et que je n'apparais jamais avant le repas, qu'il n'y aura pas d'autre invité que vous, que la maison est entourée de grandes terrasses bien exposées, que le couvre-feu sonne à 10 h 30 chaque soir et que vous me feriez grand plaisir en venant. » Rien n'y fait. Seuls les Kenneth Clark passent en mars pour une courte visite, alors que les Rex Nicholson ([19]) s'installent pour un mois et envisagent de prolonger leur séjour en louant une maison dans le quartier Saint-Pierre. Lady Desbourough, Lord Stanmore et Louis Mallet ([20]) arrivent à l'improviste… si bien que « la maison est pleine à craquer ([21]) » et que tout reprend.

La saison 1932 à Sainte-Claire n'est guère différente de la précédente — simplement plus musicale. « Le temps ici est divin, écrit-elle à Berenson le 17 janvier. Nous sommes allés en voiture jusqu'à Marseille avant-hier et avons assisté à un concert donné par Landowska ([22]). Le concert était exquis et elle est revenue avec nous. Elle est très amie avec les Georges Auric ([23]), si bien qu'ils viennent tous déjeuner aujourd'hui ([24]). » Le concert la semaine suivante les envoie dans la direction opposée : « Robert [Norton] et moi rentrons tout juste de trois jours fabuleux passés à Nice, où se tenait le Festival Mozart, avec la participation de Lotte Schoene et d'une troupe de Vienne [...] Nous avons passé deux soirées délicieuses à écouter *Die Entführung* et *Figaro.* » Cela n'empêche pourtant pas les promenades : « Tout aussi délicieuse était notre excursion d'hier : nous avons remonté la vallée du Var jusqu'à Aspremont et, après une descente vertigineuse, avons traversé la rivière en direction de Gattières. Les sommets couverts de neige des Alpes formaient une ligne blanche continue, cependant que nous roulions entre deux rangées d'orangers. Rien pourtant ne vaut Hyères et j'étais aussi heureuse qu'une enfant rentrant à la maison ([25]) ! »

Certes, la vie mondaine va son train, même si, au nombre des nuages qui s'amoncellent, ses droits d'auteur commencent à payer moins et qu'elle s'en inquiète. Sa situation financière n'a cependant rien de comparable à celle des Noailles : « Les Noailles ont été complètement lessivés, avait-elle écrit à Gaillard Lapsley l'année précédente. Tout le Faubourg s'est donné rendez-vous à Saint-Bernard et le mot d'ordre est le suivant : "Ces pauvres enfants, il faut les entourer et les empêcher de retomber sous l'influence de ces vilaines gens." — Ô quel Dieu que le Dieu Argent ! [...] Mais ne sommes-nous pas tous assis sur le même volcan ([26]) ? »

Rien ne saurait non plus calmer les Furies qui veillent et ne la lâcheront plus de sitôt. Elles s'intéressent cette fois à ses domestiques. Le désastre commence avec la crise de démence de Gross, le 14 avril 1933. Gross est de ces domestiques qui n'ont d'autre vie que celle de la famille qui les emploie. Elle avait été engagée par la mère d'Edith avant même que celle-ci ne se marie et ne l'avait jamais quittée depuis. Bien sûr, elle se faisait vieille et passait désormais ses journées à dodeliner de la tête assise au soleil et, bien sûr, une nonne du couvent des Bernardines montait chaque jour à Sainte-Claire afin de s'occuper d'elle. Les crises de folie de la vieille dame déconcertent Edith : « Découvrir son œil suspicieux qui me scrute, alors que pendant quarante-cinq ans je n'ai eu de sa part que regards tendres et fidèles, est au-delà de mes forces ([27]) », avoue-t-elle.

Gross est à peine placée au couvent que s'ouvre un nouveau front : Élise Devinck, sa fidèle femme de chambre, s'effondre. Élise, à son service depuis 1914 et dont la maladie vient d'être diagnostiquée à l'hôpital d'Hyères, souffre d'anémie pernicieuse et il n'y a plus rien à faire. Elle meurt le 29 mai 1933. Gross la suit de quelques mois, en octobre. « Ces deux femmes si fidèles avaient su entretenir ma flamme et mon goût de vivre », écrit encore Edith. Elles sont enterrées l'une à côté de l'autre au cimetière d'Hyères. De toute son ancienne maisonnée, il ne reste plus qu'Alfred White, son fidèle intendant.

Trop c'est trop. Avec l'âge, Edith se fait de plus en plus impatiente et parfois acariâtre et c'est une fois encore le maire de la ville qui en fait les frais. Les sommes qu'elle y a englouties n'y ont rien fait, l'état du revêtement du boulevard de la Pierre-Glissante est toujours aussi lamentable (ce n'était pas pour rien, aurait-elle dû réfléchir, qu'il s'appelait « Pierre-Glissante », ses soucis ayant pour origine un sous-sol irrémédiablement instable). Sa coupe est pleine car, non seulement la chaussée est déformée, mais « les trottoirs sont couverts d'immondices que le vent soulève des poubelles repoussantes qui traînent des journées entières [...] et obligent les piétons à marcher au milieu de la rue ».

Sans parler non plus de la première maison à droite en montant le boulevard, qui installe son linge sale à sécher sur la barrière qui longe le trottoir. Et de lancer son dernier trait, fatal celui-là : « Je suis d'autant plus navrée par l'état de la rue que j'ai à demeure en ce moment des amis anglais et américains dont quelques-uns auraient été susceptibles de s'installer à Hyères ([28]). »

Il est vrai que les visiteurs continuent d'affluer : Louis Bromfield et H.G. Wells arrivent pendant l'hiver 1934 — pour ne citer que des collègues écrivains. Quant aux résidents hyérois, Philomène de Mirepoix vient d'achever *Bénédiction*, un long roman que Robert Norton se charge de traduire en anglais et pour lequel Edith Wharton rédige une préface.

En a-t-on discuté à Sainte-Claire ? La traduction est un autre de ces sujets apparemment marginaux, qui passionnent Edith Wharton. Ne cherche-t-elle pas, sa vie durant et parmi ses amis, celui ou celle qui sera à la hauteur de ses textes ? « Comment peut-on traduire Mrs Wharton ? avait autrefois commenté Mme d'Oillamson, sa traductrice en titre. Elle voudrait qu'on traduise ses idées et elle ne daigne pas les exprimer ([29]). » Est-ce aussi un hasard si la seule Décade de Pontigny à laquelle Edith Wharton assiste est consacrée à la traduction ? Quant à Minnie Bourget, ne relit-elle pas régulièrement ses traductions françaises ? Mais à qui faire confiance ? Rien de tout cela ne la satisfait. Le salut lui viendra d'une autre amie, Mme Saint-René Taillandier, qui l'aide à traduire, voire à réécrire, *Le Temps de l'innocence*. « Mme Wharton connaissait très bien notre langue, mais pas comme nous, de l'intérieur, en tant qu'héritage naturel qui date de l'enfance [...] Nous étions toutes deux d'accord pour dire que l'anglais — simple et familier dans les romans, totalement différent en poésie, différent encore et plus proche du français, ou plutôt du latin, dans les thèses et les écrits plus rhétoriques — possède assurément des particularités stylistiques. Ainsi, l'anglais des romans, qui transpose les discours habituels des gens ordinaires, se permet des libertés qui, traduites textuellement, sont totalement déplacées en français. Si vous traduisez trop littéralement la langue anglaise, un texte fort banal au départ devient complètement surréaliste. Nous avons donc, à sa grande joie, procédé différemment. Nous avons commencé, suivant le texte de près, par le traduire mot à mot, obtenant parfois des résultats fort surprenants. Puis, fermant le livre et oubliant jusqu'à l'existence du texte anglais lui-même, avons tout récrit — alors seulement, récrivant à partir du français, avons-nous atteint à un français authentique ([30]). »

C'est encore de traduction qu'il avait été question lors d'échanges avec La Polynésie. Robert Norton, qui s'y rend régulièrement pour nager en compagnie de Valéry et de Mme de Béhague, s'est amusé à traduire en langue anglaise et à publier un mince fascicule de poésies intitulé *Poems and Translations* ([31]) dans lequel paraît la première traduction du *Cimetière marin* : « Pour autant que me le permette ma connaissance assez médiocre de la langue anglaise, il me semble qu'on ne peut être plus fidèle, ni suivre plus poétiquement les intentions de l'auteur que vous ne l'avez fait ([32]) », remercie Paul Valéry.

On reconnaît bien là le discret et consciencieux Norton, le plus fidèle des amis de Sainte-Claire. Traducteur, mais aussi aquarelliste, c'est avec lui qu'elle excursionne et explore la campagne environnante. « En sa compagnie, elle laissait libre cours à son goût pour la campagne […] Elle marchait avec lui — n'avait-elle pas toujours été une bonne marcheuse, surtout lorsqu'il s'agissait de découvrir de nouveaux chemins ? Ils se frayaient une route, se perdaient, étaient surpris par la nuit — peu importait. Avec Norton, elle accordait même sa liberté à la nature et pouvait la suivre dans ses humeurs. Ou bien, installés sur le versant d'une colline, face à une baie solitaire, par un beau soir de printemps, pendant qu'il dessinait, elle pouvait se contenter de regarder la scène qui, sous ses yeux, se transformait en poème. Quelqu'un a-t-il osé dire qu'elle n'était pas une vraie campagnarde ? Les autres pouvaient le penser, certainement pas elle ([33]) », commente encore Percy Lubbock dans le portrait qu'il dresse de son amie.

C'est encore à Norton qu'elle avait autrefois offert son exemplaire personnel et dédicacé des *Haunts of Ancient Peace* d'Alfred Austin : « À l'auteur de *The Valley of Decision*, avec toute mon admiration », avait complimenté le poète. Et Edith d'ajouter sur la même page, en forme de pastiche : « À Robert Norton, auteur de *The Valley of Gapeau*, avec toute l'admiration de l'auteur de *The Valley of Decision* » — un exemplaire précieux qu'il rangerait par la suite dans ses rayonnages hyérois.

Et Norton est encore de tous les Noël lorsque, pour l'occasion, elle reçoit le groupe de ses amis proches — « tous des *Angry-Saxons* », grince Berenson. Les soirées étant longues en cette période de l'année, on les passe à lire à voix haute. « Norton, qui était par ailleurs un excellent lecteur, ouvrait un livre. C'était le plus souvent un roman, un bon vieux roman qui ne demandait qu'à s'épanouir, page après page et soirée après soirée. Les choses allant leur train, il était cependant inconcevable qu'Edith restât dans son coin à attendre que l'histoire suive son cours. Elle aimait ces soirées et les préservait jalousement de toute intrusion extérieure, mais nous avions souvent beaucoup de mal à sauver la séance. Tous les grands maîtres ont leurs caprices et leurs manières de faire, n'est-ce pas ? Et c'était bien là l'ennui avec Edith qui refusait de leur passer la moindre erreur [...] C'était comme si aucun d'eux n'était irréprochable — sauf, bien sûr, Thackeray et Jane Austen, tellement sage et soigneuse, et George Eliot aussi. Celle-ci avait ses défauts, mais même Edith était prête à les lui pardonner — tout en écartant d'un revers de main Charlotte Brontë et son regard torve ([34]). » Parmi les modernes, Virginia Woolf, trop théorique et trop démonstrative, n'avait guère ses faveurs — « je lirai *Orlando*, si vous pensez que je doive vraiment le faire ([35]) », avait répondu un jour Edith avec mauvaise humeur à Mary Berenson. Quant à Norton, il avait eu beau essayer de lui prêter son exemplaire de *The Waves*, rien n'y avait fait.

Elle voit sûrement Huxley d'un meilleur œil : non seulement elle trouve l'homme « plein de drôlerie et très sociable », mais considère encore *Brave New World* comme « un chef-d'œuvre digne de Swift ([36]) ». Lytton Strachey, que Wharton avait rencontré lors du séminaire de Pontigny en 1923, l'intéresse encore — surtout *Queen Victoria* dont elle recommande la lecture à tous ses amis. Mais, de tous les jeunes créateurs de la génération montante, c'est Anita Loos et son *Gentlemen Prefer Blonds* qui emporte son adhésion. Tous à sa suite s'enthousiasment et décrètent qu'il s'agit là « du plus grand roman après *Manon Lescaut* ! ». Norton s'est pour sa part empressé d'en acquérir un exemplaire, acheté chez Smith's, à Paris, le 24 juillet 1926.

D'autres soirées sont consacrées à la poésie. Elles devaient se prolonger sous la forme d'un ouvrage intitulé : *Eternal Passion in English Poetry*, publication posthume d'une anthologie rassemblée sous les noms d'Edith Wharton & de Robert Norton : « Ce sont là poèmes lus et relus à haute voix, au coin du feu, durant l'hiver ; des poèmes qui ont enchanté encore et encore leur lecteur autant que son auditoire ([37]) », informe Edith dans sa préface. Le lecteur principal étant toujours Norton, c'est dans son propre stock d'ouvrages qu'il puise pour la circonstance, avec un faible pour l'anthologie poétique rassemblée par Alice Meynell : *The Flower of the Mind*, publié à Londres en 1897. Et d'aller ce jour-là directement à sa page favorite, au chapitre des « Scottish Ballads » qu'introduit « Helen of Kirconnell », le premier poème à figurer dans l'anthologie à venir ; ou de ramener le mince volume des *Poems* de la même Alice Meynell et de l'ouvrir à la page de « Renouncement » (lui aussi inclus dans leur anthologie). À portée de main se trouvent encore le volume des *Poetical Work* de Robert Browning, celui de Burns, les *Selected Poems* de George Meredith au chapitre des « Love-Poems », les *Elizabethan Song Books* avec ses pages 1 et 8 cochées. Ainsi en allait-il des ouvrages où il puisait non seulement ses lectures, mais encore choisissait les textes à publier dans *Eternal Passion in English Poetry.*

Notre narrateur et témoin privilégié, a beau essayer de se concentrer sur la lecture qu'il est supposé écouter, « c'est Edith seule qui m'intéresse et je ne vois qu'elle, assise dans son coin, l'esprit en alerte, le visage rayonnant, se régalant de la musique et se livrant tout entière à sa joie. Tant de beauté ne vaut-elle pas la peine de vivre — à l'exclusion du reste ([38]) ? ». Hyères et la Provence auront encore été prétextes pour Edith à commettre un recueil de *Twelve*

Poems, avec sa page consacrée aux « Rossignols de Provence » — « Falling like dew / Upon the land they bring / Music and spring / With all things homely-sweet / Exhaled beneath the feet, / on stony mountain trail, / Or where green slopes, through tamarish and pine, / seaward decline — / Thyme and the lavender / Where honey-bees make stir ([39]) » — des vers qui ne manquent pas de traduire toute sa joyeuse proximité avec les paysages provençaux.

1936 ne déroge pas à la règle et le début du mois de décembre voit l'arrivée d'Edith Wharton à Hyères. Norton et Lapsley sont là pour Noël pendant que reprend l'habituel défilé des visiteurs qui la trouvent en bonne forme — même si elle souffre en secret de vertiges et qu'elle se sent parfois très fatiguée. Les Huxley lui rendent régulièrement visite et Charles de Noailles, venu souper un soir, plaisante beaucoup et garde la compagnie éveillée jusque tard dans la soirée. Suivront Mary Wemyss, Jane Clark, Bill et Betsy Tyler, Charlotte de Cossé-Brissac, Paléologue, Carlo Placci — rien de plus ni de moins qu'un hiver habituel. À la mi-avril, Linky, son pékinois meurt soudain. « Oh, mon petit chien ! » pleure-t-elle. Elle reprend le chemin de Saint-Brice à la fin du mois de mai et c'est sur le chemin du retour qu'elle est victime d'une autre attaque dont cette fois elle ne se remettra pas. Elle meurt à Saint-Brice le 11 août 1937.

Elle est inhumée au cimetière de Versailles, aux côtés de Walter Berry et ses dernières volontés sont fort simples en ce qui concerne Hyères : elle a, dans un testament daté du 11 juin 1937, légué à Elisina Palami dessi de Castelvecchio, épouse de M. Royall Tyler, l'ensemble de ses propriétés hyéroises. Dès le 12 novembre 1937, l'architecte rend ses relevés de terrains et toute la propriété, mobilière et immobilière, sera bientôt à vendre. Alfred White, son intendant, au service d'Edith depuis 1888 et le dernier de son personnel à se souvenir des jours anciens, logé un temps dans son cottage de Saint-Brice, mais « ne [s']y sentant plus à [sa] place ([40]) », revient à Sainte-Claire. Lui et son épouse occupent le rez-de-chaussée de la Pierre-Lisse et un garage situé sous les terrasses. Le logement est loué au tarif de mille francs l'an, un loyer que Mme Tyler s'engage à ne jamais réclamer ([41]). On suppose que White y demeura jusqu'à sa mort, continuant un temps de veiller sur la propriété désertée.

Les premiers terrains vendus, ceux qu'Edith avait achetés en 1930, le sont à Charles de Noailles. La vente est conclue le 31 octobre 1939 et l'acte signé par Mme Tyler et par un clerc de notaire qui représente Charles de Noailles alors mobilisé ([42]). Il reste encore à Mme Tyler à payer les impôts fonciers des propriétés habitées pour l'année 1937 — soit, concernant la propriété Sainte-Claire proprement dite, 3 670 francs et pour le reste du domaine, la Tour Jeanne, le logement du concierge et le Pavillon Massillon, 1 484 francs. Pour la maison rue du Puits-Saint-Pierre, elle règle 150 francs ; et pour la Pierre-Lisse et sa maison de cantonnier, 3 670 francs ([43]). L'opération suivante intervient deux ans plus tard : à la date du 4 novembre 1941, Elisina Tyler donne à Mélanie Garcin, secrétaire à l'étude de Me Boissonnet, mandat et signature pour la succession en cours ([44]). Elle sera chargée de mettre en vente le reste du domaine et de procéder à la vente par adjudication, en l'hôtel des ventes de Toulon, de l'ensemble des meubles et autres objets laissés sur place et « ayant appartenu à feu Madame Edith Wharton et garnissant la villa Sainte-Claire-le-Château à Hyères ». Ainsi les 20 et 21 novembre est mis en vente « un important mobilier fait de tableaux et gravures, verrerie et cristal, objets d'Extrême-Orient, porcelaines et faïences, bois sculptés et glaces, bronzes, cuivres, pendules, flambeaux et autres lampes, meubles et sièges », le plus haut prix allant à « une paire de belles commodes à trois tiroirs inégaux en marqueterie de bois de couleur, à décors de fleurs et personnages portant une vasque, avec dessus de marbre gris ; un travail méridional du XVIIIe » et adjugées 21 000 francs chacune. Les 26 et 29 novembre, sont mis en vente « le restant du mobilier, frigidaire, matériel de cuisine, vins fins, une importante et belle lingerie de maison ([45]) », sans qu'on mentionne les livres probablement dispersés par la même occasion, mais considérés comme trop négligeables pour qu'on en mentionne l'existence. Est-ce à cette occasion que Mlle Garcin confie à son amie Mlle Becque, bibliothécaire de la Ville, le tapuscrit de *La Croisière du Vanadis* ? Si tel est le cas, son sauvetage tient du miracle : posé sur un rayonnage, il ne fut jamais enregistré à l'inventaire.

Si Alfred White retrouve un toit après la disparition d'Edith, Robert Norton, lui, n'est rien moins qu'orphelin. Où donc loger sur la Côte d'Azur une fois Edith disparue et la villa Sainte-Claire fermée ? Toujours grande dame, Martine de Béhague vient à la rescousse et fait immédiatement construire en bordure de son domaine de La Polynésie et pour l'usage de son ami, une villégiature dénommée Les Vignaux ([46]). Norton s'y installe — avec ses livres. Mme de Béhague meurt en janvier de l'année 1939 et Norton disparaît en septembre de la même année. Il reviendra à Paul Valéry de récupérer les ouvrages que Norton a laissés derrière lui : ceux dédicacés par Edith Wharton, les recueils de poèmes et autres volumes de philosophie, de voyages, de romans… l'écume de ce qu'il reste d'un homme cultivé et discret — avec, comme un clin d'œil, un mince ouvrage consacré aux *Manners for Women* — savoir-vivre à l'intention des dames.

Plate ou gazeuse ?

Au fil des ans, Edith Wharton a pris ses distances avec les États-Unis, au point de ne plus savoir comment on y vit. Celle qui, lors de ses premiers romans, avait si bien retenu la leçon de Paul Bourget, avait lu et relu sa magistrale étude des mœurs américaines (Outre-mer, impressions d'Amérique) *et avait réussi le tour de force de traduire l'essai en langage romancée ; celle encore qui, à l'occasion de l'écriture des* Beaux Mariages, *avait surmonté l'autre exercice qui consistait à renouveler son approche et à insuffler une nouvelle énergie à sa prose en s'inspirant des lignes d'un autre pamphlet, de Dickens cette fois, et intitulé* « Omnipotent Dollars [1] »*, a définitivement perdu le contact avec un univers qui n'existe plus. Quelle prise lui reste-t-il donc sur le monde et ses contemporains durant ses années hyéroises ?*

Hors de son cadre new-yorkais et dans les temps présents, l'œuvre s'étiole, ses tentatives pour l'actualiser et lui trouver de nouveaux champs d'action se révèlent aléatoires. Ainsi,

Les dieux arrivent *est-il le seul roman où Hyères apparaît dans l'œuvre romancée, sous les traits d'Oubli-sur-Mer et de sa colonie anglaise de Costebelle, de ses hôtels, ses villas louées, ses pensions de famille, son église anglicane et son pasteur. La tentative est peu concluante car, comme l'avait noté Minnie Bourget, Edith vit désormais en marge, n'est plus d'aucun monde, n'en subit plus ni les passions ni les souffrances. Installée au bord de la route, elle regarde passer le train des Furies, introduit un personnage rédempteur, (celui de Chris, frère jumeau du jeune Gerhardi rencontré à Hyères) revisite ses anciennes amours avec Fullerton et en tire une ultime leçon ; car, enfin : « Lorsque partent les demi-dieux, les dieux arrivent* (2). *»*

Il est pourtant des perles qui demeurent dans l'œuvre, des perles rares, sombres et luisantes, plus sûrement liées sans doute au contexte hyérois que ses fastidieux romans.

Elle écrit de tous temps et en tous lieux, chaque matin, au lit, dans sa chambre : à Sainte-Claire, dans la pièce à l'étage, située au-dessus de la bibliothèque et dont la porte fait face à l'escalier qui mène au second étage de la maison, à la tour Saint-Claire et à sa terrasse à ciel ouvert — à la tombe d'Olivier Voutier aussi. Mais comment reprendre pied chaque matin et témoigner de ce monde dont elle se tient à l'écart ? Rien en effet ne peut plus l'atteindre dans son refuge hyérois. Elle a creusé ses fossés, bâti ses remparts et pris ses distances. Mais qu'en est-il de l'œuvre romancée ? Comment parler d'un monde qu'on manie avec des pincettes, de peur qu'il ne vous blesse ? Et puis cette maison, avec sa façade comme de carton-pâte, sa crête pseudo-orientale ajoutée au sommet de son rempart, n'a-t-elle pas quelque chose d'un théâtre d'ombres ? L'endroit n'est-il pas propice aux histoires de fantômes, à ces histoires qu'elle rassemble dans un ultime volume intitulé Ghosts *et dans lequel figure « Plate ou gazeuse ? », une nouvelle probablement écrite à Hyères durant l'hiver 1926 et qui appartient à cette veine noire et gothique que Wharton a, de tous temps, cultivée et affectionnée.*

Avant de basculer dans l'horreur finale, le mystère de la disparition d'Almodham et le suspense créé par l'attente de son retour tiennent le lecteur en haleine sans que jamais ne se relâchent le malaise non plus que l'angoisse. Edith Wharton nous introduit dans l'enfermement lourd et nauséabond d'une citadelle mi-arabe, mi-chrétienne, perdue dans un désert moyen-oriental — probablement située au Maroc, pays qu'elle découvre en 1917 et qui la fascine. L'histoire est habilement tissée et ne reste supportable que grâce à la touche d'ironie sous-jacente et à la distance que Wharton prend avec son sujet. Quant aux sources, elles appartiennent à son entourage direct.

L'inquiétant Gosling doit ainsi beaucoup à son majordome, le fidèle Alfred White — né aux Indes britanniques et à l'accent cockney fort prononcé, y compris à l'écrit ! Ainsi en va-til de sa note adressée à l'ami Bélugou qu'il s'agit de renseigner sur le prix des hôtels à Hyères, une note intitulée : « For Mr Belagaue (3) ».

Quant au personnage fantomatique d'Almondham, il partage encore bien des traits avec Olivier Voutier, notre archéologue, voyageur et original discret, qui repose désormais dans le roc surplombant la maison, juste à côté de la citerne qui l'alimente la maison en eau courante (4) *! Rien d'étonnant alors à ce que son fantôme visite de temps en temps celle qui pense qu'un conteur de* Ghost Stories *« se doit de croire lui-même à son huistoire et d'en être lui-même effrayé* (5) *».*

Quant aux sources littéraires, « Plate ou gazeuse ? » est une histoire d'hommes. Sans jamais en atteindre les complexités philosophiques et à la limite du pastiche, Edith Wharton la traite à la manière de Cœur des ténèbres *de Joseph Conrad : même quête d'un personnage toujours fuyant, même hostilité ambiante, même omniprésence des jeux de lumière et d'obscurité, même* « wilderness » *— en forme de trop-plein pour la jungle de Conrad et de vide pour le désert de Wharton, même fascination de l'étrange et même vocabulaire (« au cœur de la sauvagerie » dès la seconde page ou encore « les ténèbres du puits » de la dernière ligne) — disons que Medford, notre héros, arrivé au « cœur des ténèbres », y attend le retour d'un autre Kurtz. Viendra-t-il ou ne viendra-t-il pas et à quoi ressemble-t-il désormais* (6) *?*

1

Deux jours entiers passés sur des pistes défoncées dans un tacot animé des meilleures intentions mais qui avait la fâcheuse habitude de prendre ses virages trop courts, suivis de deux autres jours à dos de chameau sur une bête au tempérament hargneux, avaient amené le jeune Medford, membre de l'École d'archéologie d'Athènes, à se demander quelle folie avait bien pu pousser son ami, Henri Almodham, à vivre au fin fond du désert.

Ce n'est qu'une fois penché sur le parapet supérieur du vieux bâtiment, moitié forteresse chrétienne, moitié palais arabe, et qui avait autrefois servi d'alibi à Almodham, qu'il s'avisa de comprendre.

Dès le coucher du soleil, un petit vent s'était levé qui agitait les feuilles des palmiers rassemblés en bouquet touffu dans la cour et qui, lorsqu'il entame ce tambourinement pareil à celui de la pluie, ravit les oreilles de l'habitant du désert. Un figuier, aussi vieux qu'imposant, surplombait la margelle du puits et puisait sa force dans ses profondeurs humides. Au-delà des murs, de tous côtés, s'étendait le mystère des sables dorés et prometteurs ou livides et menaçants au fur et à mesure que le soleil les caressait ou les abandonnait.

Fatigué de son voyage et angoissé à l'idée de l'omniprésence du désert, Medford frissonna et recula d'un pas. C'était là, à n'en pas douter, un excellent refuge pour un Anglais universitaire et misogyne, qui plus est, Almodham étant les deux à la fois et de façon irrémédiable…

« Allons jeter un coup œil à la maison », se dit Medford, pris de l'intense désir d'un peu d'humanité — tout en sachant bien que, mis à part un serviteur véloce et cosmopolite qui parlait une sorte d'anglais palimpseste mêlé de réminiscences de cockney, de langues méditerranéennes et de dialectes locaux, et deux ou trois domestiques en burnous qui avaient transporté ses valises jusqu'à sa chambre puis s'étaient discrètement éclipsés, la maison était vide. Le serviteur l'avait informé qu'Almodham était absent. Il avait été appelé par un chef ami alors qu'il ne s'y attendait pas et s'était rendu dans le Sud afin de visiter des ruines qu'on venait tout juste de découvrir. Il était parti dès l'aube, trop pressé pour écrire, s'en excusait, regrettait de ne pas pouvoir être là pour l'accueillir et serait probablement de retour le soir même ou le lendemain matin. Medford, en attendant, n'avait qu'à faire comme chez lui.

Il savait qu'Almodham était toujours sur la piste de nouveaux sites archéologiques et que c'était l'autre raison de son installation dans cet endroit perdu. Il n'était pas non plus sans savoir que ses recherches, bien qu'épisodiques, avaient permis des découvertes de premier ordre.

Il était plutôt content que son hôte ne l'ait pas attendu et se sentait soulagé de se retrouver seul. Il avait eu un accès de malaria l'été dernier et avait probablement été, lors du voyage, victime d'un coup de chaleur. Curieusement, il se sentait à la fois sans force, fatigué, et parfaitement heureux.

L'endroit n'était-il pas parfait ? Du silence, de la solitude, du grand air à ne plus savoir qu'en faire et, loin du monde, au cœur de la sauvagerie, ce bouquet de verdure et d'eau — sans parler des larges fauteuils d'osier installés sous les palmiers et d'un logement accueillant et civilisé ! Il commençait à mieux comprendre Almodham qui, fatigué de l'agitation fiévreuse de l'Occident, avait dû trouver entre les murs de cette forteresse la paix et le repos.

Pendant qu'il s'apprêtait à redescendre l'échelle de meunier qui servait d'escalier, Medford découvrit au-dessous de lui, montant lentement à sa rencontre, un crâne chauve et cireux, balafré d'une longue cicatrice et orné d'une couronne de cheveux épais et blond cendré : celui du serviteur. Il n'avait jusqu'à présent, vu que son visage (un visage encore jeune, mais bilieux) et avait surtout été frappé par l'étrangeté de son expression et par l'air d'étonnement perpétuel qui était le sien.

Le serviteur s'effaça et leva les yeux. Medford comprit alors que cet air effaré était dû à ses yeux d'un bleu intense, plus largement ouverts que la moyenne des gens et surlignés de cils blond cendré. Il n'y avait, à part cela, rien d'anormal chez lui.

— Pouvez-vous me dire, Monsieur, quel vin vous désirez qu'on vous serve au dîner ? Du champagne ou… ?

— Pas de vin, merci.

Un léger éclair de mépris ou d'ironie, ou les deux à la fois, mais clairement perceptible malgré l'habitude qu'il avait de se maîtriser, passa sur les lèvres du serviteur.

— Aucun, vraiment, Monsieur ?

— Non. Et cela n'a rien à voir avec la prohibition, sourit Medford, convaincu que quelle que soit sa nationalité l'homme comprendrait.

— Oh ! l'idée ne m'a même pas effleuré, Monsieur ! confirma celui-ci.

— À vrai dire, j'ai été plutôt mal fichu ces derniers temps et je n'ai pas droit au vin.

— Même pas une petite goutte de vin de Moselle pour colorer votre eau ? insista le serviteur incrédule.

— Non, pas de vin, répondit Medford que la conversation commençait à agacer et qui en était à ce stade de sa convalescence où toute discussion sur le bien-fondé de son régime l'insupportait. Vous vous appelez comment, au fait ? ajouta-t-il comme pour adoucir la sécheresse de son refus.

— Gosling, répondit l'autre.

— Vous êtes anglais, alors ?

Bien que Medford n'eut aucun a priori, la réponse le surprit :

— Oh, oui, Monsieur !

— Ça fait un bon bout de temps que vous êtes dans les parages, alors ?

Oui, c'était exact, avait répondu Gosling, cela faisait même trop longtemps selon lui. Il était né à

Malte, mais connaissait bien l'Angleterre. Puis il ajouta d'un air de mépris :

— Je vais vous dire, Monsieur : j'aurais bien voulu aller voir l'exposition de Wembley*. M. Almodham me l'avait d'ailleurs promis, mais voilà...

Comme pour minimiser la portée de sa confidence, il prit un ton cérémonieux, demanda ses clefs à Medford et s'enquit de l'heure à laquelle il désirait souper, puis resta figé sur place, l'air plus surpris que jamais :

— Juste de l'eau minérale, alors ?

— Oui, peu importe.

— Disons du Perrier ?

Du Perrier dans le désert ! Medford sourit en signe d'assentiment, tendit ses clefs et s'éloigna.

La maison se révéla plus petite qu'il ne l'avait imaginée — pour ce qui concernait du moins la partie habitable, car pour le reste... Partout au-dessus de ce surgissement de murs puissants et délabrés faits de pierres jaunes, ainsi que dans leurs lézardes, s'accrochaient des chambres en pisé qu'ornaient des volets rouges et clos, toutes empilées les unes sur les autres et soutenues par des poutres en bois de cèdre. Dans ce fouillis de maçonnerie mêlée de staff tant chrétien que

* Exposition internationale à Wembleye en 1924. [N.d.T.]

musulman, Almodham avait choisi d'occuper un ensemble de pièces qui, dans un angle, ouvraient sur la cour la plus haute, là où les palmiers jacassaient et où le figuier s'enroulait au-dessus de son puits. Des chaises et une table basse avaient été disposées sur un dallage de marbre brisé, avec des géraniums et des belles-de-jour plantés entre les interstices. Un boy au regard vif, vêtu d'une chemise blanche, était en train de les arroser, mais qui disparut, tel un mirage, lorsque Medford s'approcha.

Toute la scène avait quelque chose d'irréel et de vaporeux — comme sans matière. La pièce d'habitation elle-même, avec sa longue rangée d'arcades qui ouvraient sur la cour, ses épais coussins, ses divans couverts de peaux de gazelles et de tapis indigènes, ses tables jonchées de vieux exemplaires du *Times* et de revues françaises et anglaises avant-gardistes — tout dans cet air léger et trompeur semblait le produit des élucubrations d'un seigneur du désert.

Un fauteuil installé sous le figuier, accueillit Medford et, lorsqu'il s'éveilla, le bleu dur de la voûte céleste s'était constellé d'étoiles cependant que la brise nocturne conversait avec les palmiers.

« Luxe, calme et volupté » — oh ! la sagesse d'Almodham !

2

Personne n'était effectivement plus sage qu'Almodham ! En ayant terminé de manière assez peu concluante il est vrai avec les fouilles dont une société archéologique l'avait chargé vingt-cinq ans plus tôt, il s'était attardé sur place, avait pris possession de l'ancienne forteresse des Croisés et avait abandonné l'étude des ruines grecques et latines pour celles du Moyen Âge. Medford demeurait cependant persuadé que même celles-là étaient menées sans grande conviction et seulement lorsque se relâchait la fascination qu'exerçait sur lui la passivité ambiante.

Il l'avait rencontré à Luxor l'hiver précédent. Installés sur une terrasse parfumée qui regardait le Nil, ils avaient dîné ce soir-là chez le vieux colonel Swordsley, et le jeune Américain ayant éveillé l'intérêt d'Almodham, il l'avait invité chez lui, dans le désert.

Ça avait été leur seule soirée passée ensemble, en compagnie du vieux Swordsley que ses paupières trop lourdes obligeaient à cligner des yeux et de deux ou trois femmes charmantes du Palais d'Hiver dont le babillement était entrecoupé de temps en temps d'éclats de voix. Il n'empêche que les deux hommes étaient repartis pour Luxor et que, tout en chevauchant de conserve, Medford s'était imaginé avoir pénétré l'essentiel de la personnalité d'Almodham : une nature saturnienne et cependant sentimentale, une indolence chronique avec des poussées d'activité durant lesquelles s'exerçaient sa grande intelligence, un manque de confiance en ses aptitudes que modulait une haute estime de soi et, pour finir, un goût prononcé pour la solitude que modulait une incapacité chronique à rester longtemps seul.

Sans parler, comme le soupçonnait Medford, d'une pointe de romantisme victorien que venait renforcer l'environnement et l'inaccessibilité de sa retraite. N'était-il pas en effet connu sous le nom de « Henri Almodham — vous savez bien, le seul, l'unique, celui qui vit dans un château de Croisés » ? Cela n'avait été pourtant qu'une idée toute faite, une pose de jeunesse dans laquelle l'homme mûr s'était graduellement enfermé et dans laquelle, l'âge aidant, il s'était lentement figé. Mais il y avait davantage encore, quelque chose de plus profond et de plus sombre — même si Medford n'en était pas trop certain. Sa façon de vivre avait probablement soulagé une vieille blessure, une ancienne déception, une chose qui, autrefois, avait touché une partie vitale de son être et l'avait broyée. Et par-dessus tout, dans ses mouvements toujours hésitants, dans l'expression rêveuse de son long visage bruni aux traits bien dessinés et encadrés d'une tignasse grise, Medford avait détecté une forme d'inertie mentale et morale que la vie ici, dans ce château de rêves, avait entretenue tout en lui servant d'alibi. « Une fois arrivé ici, c'était facile de ne plus repartir », réfléchit Medford en s'enfonçant dans son fauteuil.

— Le dîner de Monsieur est servi, annonça Gosling.

La table avait été dressée sous une arche du salon et la lumière voilée des bougies faisait, au milieu de l'obscurité, comme un cercle rassurant. Chaque fois qu'il franchissait la ligne et entrait dans le cercle, le serviteur en veste blanche et chaussons de velours semblait gagner en assurance. Et quelle vaisselle ! et quel cuisinier ! Un Maltais, lui aussi ? Ah, ils étaient décidément géniaux, ces Maltais ! Gosling protesta, sourit en guise de remerciement et commença à remplir son verre de chablis.

— Non, pas de vin, dit Medford d'un ton calme.

— Désolé, Monsieur, mais le fait est…

— Ne m'avez-vous pas dit qu'il y avait du Perrier ?

— Oui, Monsieur, mais il n'en reste plus une seule bouteille. Il a fait très chaud ces derniers temps et M. Almodham s'est servi lui-même et a tout bu. La prochaine livraison est prévue la semaine prochaine. Tout dépend en fait des caravanes qui vont vers le sud.

— Peu importe. Servez-moi de l'eau, alors.

— Non, pas de l'eau — pas ici, Monsieur, répondit Gosling pendant que ses yeux s'agrandissaient encore et que Medford s'irritait un peu plus.

— Si quelque chose ne va pas avec l'eau, faites-la bouillir. Quant au vin…

Il repoussa le verre à moitié plein.

— Oh ! Mais bien sûr, je vais la faire bouillir ! Certainement, Monsieur ! murmura l'homme.

Il posa sur la table un succulent mélange de riz et de mouton, puis il disparut.

Medford se pencha en arrière, conquis par la nuit, la fraîcheur des lieux et le murmure du vent à travers les palmiers. Les plats se succédaient, plus exquis les uns que les autres. Lorsque le dernier fut servi, le convive eut soif. C'est alors que le serviteur posa, à portée de sa main, un gobelet d'eau.

— Voila de l'eau bouillie, Monsieur ; j'y ai ajouté le jus d'un citron pressé.

— Parfait. Je suppose qu'à la fin de l'été l'eau devient un peu saumâtre, non ?

— C'est vrai, Monsieur, mais celle-ci est parfaite.

— Mieux que du Perrier, dit Medford en la goûtant.

Il vida son verre, se pencha en arrière tout en tâtant sa poche. Un plateau chargé de cigares et de cigarettes apparut instantanément.

— Monsieur ne fume pas ?

— Et comment appelez-vous cela ? répondit Medford en élevant son cigare à hauteur de la flamme qu'on lui présentait.

— Oh, bien sûr ! Mais je veux dire de l'autre façon, dit Gosling en jetant un coup d'œil discret du côté des pipes à opium d'ambre et de jade posées sur une table basse.

Medford haussa les épaules et se demanda si c'était là un autre des secrets d'Almodham, car il commençait à penser qu'il y en avait encore beaucoup d'autres — tous, il en avait la certitude, connus de l'imperturbable Gosling.

— Aucune nouvelle d'Almodham ?

Le geste toujours aussi précis, Gosling débarrassait la table. Il sembla d'abord ne pas avoir entendu, puis commença d'expliquer sur un ton plein de respect que nuançait une légère ironie :

— Des nouvelles, Monsieur ? Comment serait-ce possible ? Il n'y a pas de téléphone dans le désert —

pas comme à Londres. Mais sans doute le verronsnous arriver demain soir, ajouta-t-il.

Il s'approcha et, d'un revers de main experte, se mit à brosser les miettes de la table.

— Et sûrement, Monsieur, resterez-vous jusqu'à demain ?

Medford se mit à rire. La nuit était douce et étendait sur lui son aile protectrice. La notion du temps s'était évanouie, l'incertitude et le malaise avaient disparu.

— Rester ? Oh, mais je resterai un an s'il le faut.

— Oh, vraiment, Monsieur ? répondit Gosling sur le ton de la plaisanterie.

Il ramassa ensuite les assiettes du dessert et disparut.

3

Malgré son intention affichée d'attendre Almodham un an durant, Medford comprit dès le lendemain matin que cela n'avait aucun sens, que le temps ici n'existait pas, que les aiguilles de sa montre tournaient en vain, que la course des constellations audessus des murs ruinés n'indiquait rien de plus que le mouvement de la terre et que toute cette agitation déployée par les hommes l'était en pure perte.

Le fait lui-même d'avoir faim, comme le lui disait parfois son horloge interne, perdait de son importance tant la sensation était légère — à peine l'ombre d'un pincement qu'il aurait pu calmer avec un fruit sec et du miel. Sa vie avait pris un rythme léger et monotone de douce éternité.

Lorsque le soir approcha, il secoua l'étrange sensation qui l'avait envahi de ne pas habiter son propre corps et grimpa sur le toit. Ses yeux cherchèrent Almodham jusqu'aux confins du désert. Vers le sud, tel un voile bleu ourlé de lumière, s'étendaient les monts Albâtre tandis qu'à l'ouest jaillissait une colonne de feu qui, se dispersant en panaches, faisait du ciel une fontaine de pétales de roses et métamorphosait le sable en or. Aucun cavalier n'était en vue et il chercha vainement la silhouette de son hôte — jusqu'à ce que le soir tombe et que le fidèle Gosling l'invite à passer à table.

Il consacra sa soirée à consulter les revues d'avant-garde vieilles de trois mois et au toucher devenu duveteux à force d'être feuilletées, les repoussa, puis s'allongea sur le divan et se mit à rêvasser. Il était probable qu'Almodham passait beaucoup de temps à rêver et lorsque la torpeur le gagnait, il devait partir, s'enfoncer dans le désert à la recherche de ruines inconnues. Pas si mal comme vie, après tout, pensa-t-il !

Gosling apparut, une tasse de café turc à la main.

— Y a-t-il des chevaux dans l'écurie ? demanda soudain Medford.

— Des chevaux, Monsieur ? Il ne reste guère plus que les chevaux de bât. Monsieur est parti avec les deux chevaux de selle.

— Je me disais que je pourrais peut-être faire un bout de chemin à sa rencontre.

— Ce n'est pas impossible, Monsieur, considéra Gosling.

— Savez-vous de quel côté il est allé ?

— Pas vraiment, Monsieur, l'homme du caïd devait les conduire.

— Les conduire, dites-vous ? Il n'est pas parti seul ?

— Un de nos hommes l'accompagne, Monsieur. Ils ont pris les deux pur-sang. Il y en a bien un troisième, mais il boite, ajouta Gosling avant de marquer une pause. Connaissez-vous les pistes, Monsieur ? Excusez-moi, mais je ne pense pas vous avoir déjà vu par ici.

— Non, je n'y suis jamais venu.

— Oh, alors ! répondit Gosling, avec un geste qui semblait dire : « Alors, le meilleur cheval n'y fera rien. »

— Je présume qu'il peut encore arriver cette nuit ?

— Sans doute, Monsieur. Et j'espère bien vous voir tous deux au petit déjeuner, dit joyeusement Gosling pendant que Medford sirotait son café.

— Vous ne m'avez jamais vu dans les parages, mais dites-moi, vous-même, depuis combien de temps êtes-vous là ?

— Très précisément, onze ans et sept mois, rétorqua Gosling comme si le sujet était sa seule et unique préoccupation.

— Presque douze ans — cela fait un bail !

— Certes, Monsieur.

— Et je suppose que vous ne vous absentez pas souvent ?

Gosling qui était occupé à remporter un plateau, fit soudain volte-face et rétorqua avec emphase :

— Jamais, Monsieur ; pas une seule fois depuis que M. Almodham m'a amené ici pour la première fois.

— Mon Dieu ! Pas un seul jour de congé ?

— Non, Monsieur, pas un.

— Mais Almodham, lui, s'absente de temps en temps, non ? Je l'ai moi-même rencontré à Luxor l'an dernier.

— C'est vrai, Monsieur. Mais lorsqu'il est ici, il a besoin de moi et aussi lorsqu'il n'y est pas — pour surveiller les autres. Alors, vous comprenez...

— Oui, je comprends. Cela doit vous sembler long.

— Oui, Monsieur, très long.

— Mais les autres ? Vous voulez dire qu'on ne peut pas leur faire confiance — jamais ?

— Vous l'avez bien vu, Monsieur, ce ne sont que des Arabes, dit Gosling sur un ton où perçait le mépris.

— Oui, j'ai vu. Mais n'y a-t-il pas parmi eux un seul vieux à qui l'on puisse faire confiance ?

— Le mot ne fait pas partie de leur vocabulaire, Monsieur.

Medford alluma son cigare. Lorsqu'il releva la tête, Gosling se tenait toujours là, à quelques pas de lui.

— Vous savez, Monsieur, ce n'est pas comme s'il ne m'avait pas promis, dit-il avec emphase.

— Vous avait promis quoi ?

— Des congés, Monsieur. Il m'avait promis, Monsieur, et à plusieurs reprises.

— Et vous n'en avez jamais eu ?

— Non, Monsieur. Après, la date était passée…

— Ah, oui ? Mais c'est un peu normal ici, non ? constata Medford. Et si je l'attendais ? ajouta-t-il.

— Pas ici, Monsieur ?

— Mais si, bien sûr.

Le serviteur, silhouette spectrale et pâle qu'éclairait la lune, demeura comme cloué sur place, tel le fantôme tourmenté d'un majordome qui aurait pu tout aussi bien appartenir à un autre monde — un monde sans congés !

— Ici, dans la cour, toute la nuit, Monsieur ? L'endroit est désert et vous aurez beau m'appeler, je ne vous entendrai pas. En plus, l'air y est malsain et vous pourriez aussi bien être repris par vos fièvres.

Medford rit et s'allongea sur sa chaise longue. « Ce type a décidément besoin de vacances », pensa-t-il.

— Oh, moi, je vais bien ! Mais c'est vous qui ne tournez pas rond, Gosling ! dit-il à voix haute. Lorsque Almodham rentrera, je lui en toucherai un mot et vous les aurez, vos congés ! ajouta-t-il pendant que Gosling demeurait coi.

— C'est vrai, Monsieur ? C'est bien vrai ? finit-il par prononcer d'une voix haut perchée qui se brisa soudain. Merci, Monsieur, et bonne nuit, prononça-t-il enfin dans un éclat de rire qui ressemblait à un gloussement bref et strident, comme le rire de quelqu'un que tant de générosité déroutait.

Puis il disparut.

4

— Vous faites bouillir mon eau, n'est-ce pas ? demanda Medford, son verre à la main, mais sans boire.

Son ton était amical, presque confidentiel. Il avait le sentiment que, depuis son imprudente promesse à propos des congés, Gosling et lui étaient devenus bons amis.

— Bouillir l'eau... ? Chaque fois, Monsieur, bien sûr, répondit Gosling avec une légère nuance de reproche dans la voix comme si la question portait atteinte (involontairement, espérait-il du moins) à leur toute nouvelle amitié.

Ses yeux scrutaient Medford d'un regard étonné cependant que, derrière le lustre d'une indifférence toute professionnelle, perçait une vraie inquiétude.

— Parce que, vous savez, mon bain ce matin…

Occupé à recevoir des mains d'un Arabe aux allures fuyantes, un plat de couscous fort odorant, Gosling s'en prit à l'indigène et siffla à voix basse :

— 'Spèce de sale aborigène, tu pourrais au moins l'tenir correctement, non ?

L'Arabe battit en retraite et Gosling, d'une main calme et assurée, plaça le plat devant Medford :

— Tous pareils, n'est-ce pas ? dit-il en essuyant la trace de gras sur sa manche.

— Parce que, vous savez, mon bain, ce matin, il puait, ajouta Medford tout en plongeant sa cuillère et sa fourchette dans le plat.

— Votre bain, Monsieur ? répéta Gosling en appuyant sur le mot.

La stupéfaction, à l'exclusion de toute autre expression, emplit de nouveau ses yeux.

— Mon Dieu ! C'est bien ce que je craignais ! dit-il, contrit.

— Il n'y a qu'un puits ici, celui dans la cour, n'est-ce pas ?

— Oui, Monsieur, rien qu'un, répondit Gosling, comme s'il émergeait d'une longue réflexion après la remarque de son invité.

— Et quelle sorte de puits est-ce ? Je veux dire, d'où vient l'eau ?

— Oh ! C'est une simple citerne, Monsieur. De l'eau de pluie. Il n'y en a jamais eu d'autre et à ma connaissance, elle a toujours bien fonctionné, sauf qu'en cette saison on a parfois de mauvaises surprises. Demandez aux Arabes. Ils sont menteurs, c'est vrai, mais ils ne prendraient pas la peine de mentir pour si peu.

— Celle-ci me semble correcte, prononça Medford qui, avec mille précautions, goûtait son eau.

— J'y veille personnellement chaque fois qu'ils la font bouillir, Monsieur. J'espère aussi, Monsieur, que le Perrier arrivera demain.

— Vraiment ? demain ? répondit Medford en haussant les épaules et en se versant un autre verre d'eau. Demain je ne serai sans doute plus là pour le boire.

— Quoi ? Vous partez, Monsieur ?

Se retournant brusquement, Medford surpris une nouvelle expression dans son regard — totalement incompréhensible, celle-là. L'homme n'avait-il pas toujours semblé ressentir une sorte de bienveillante affection à son égard et n'avait-il pas toujours exprimé le désir qu'il restât ? C'était même lui qui l'avait persuadé de patienter et d'attendre. Mais cette fois, Medford aurait volontiers juré que ce regard-là trahissait un certain soulagement et sa voix, de la satisfaction.

— Si vite, Monsieur ?

— À vrai dire, cela fait déjà cinq jours qu'Almodham est parti et comme nous n'avons aucune nouvelle et que vous me dites qu'il a pu tout aussi bien oublier…

— Oh, ce n'est pas ce que j'ai dit, Monsieur. Non, je ne crois pas qu'il ait oublié. Mais quand il se prend d'intérêt pour un de ces tas de vieilles pierres, le temps ne compte plus pour lui. C'est ce que je voulais dire, Monsieur. Les jours passent et lui poursuit son rêve. Il doit penser que vous ne devez arriver qu'aujourd'hui.

Un fin sourire, à peine esquissé, accentua encore la morne gravité de ses traits. C'était la première fois que Medford le voyait sourire.

— Vous avez probablement raison. Cependant… ajouta-t-il, s'interrompant soudain. Tout cela est cependant bien étrange…

Malgré l'inertie et la somnolence qui le gagnaient, malgré le luxe qui l'entourait, lui revenait un certain sens du danger.

— Qu'y a-t-il de si étrange ? demanda brusquement Gosling, tout en posant un plat de dattes séchées et de figues sur la table.

— Tout, dit Medford.

Il se renversa sur sa chaise et, par-delà l'arcade en face de lui, regarda en direction du ciel, là où le plein midi déversait des cataractes de bleu et d'or. Almodham était quelque part par là, sous cette voûte de feu, sans doute perdu dans son rêve, comme disait Gosling — le pays ne manquant pas de sortilèges.

— Du café, Monsieur ? dit le serviteur, se rappelant à son bon souvenir.

— C'est bizarre que vous ne fassiez confiance à aucun de ces types (les Arabes, je veux dire) et qu'en même temps vous ne sembliez pas vous inquiéter outre mesure du fait qu'Almodham soit seul avec eux, Dieu seul sait où.

La question avait retenu Gosling. Il avait pesé le pour et le contre et en avait tiré ses propres conclusions :

— Voyez-vous, Monsieur, vous ne pouvez pas comprendre. C'est une chose qui ne s'enseigne pas, à savoir quand on peut leur faire confiance et quand on doit se méfier. Cela marche suivant leur propre intérêt

— et leur religion, comme ils prétendent, dit-il au comble mépris. Et j'ajouterais même que, pour se faire une idée des raisons qui font que je ne suis pas trop inquiet, il faut avoir vécu parmi eux et parler leur langue.

— Mais je... commença Medford qui s'arrêta net et se mit à siroter son café.

— Oui, Monsieur ?

— J'ai déjà voyagé parmi eux — plus ou moins.

— Oh, voyagé ! dit Gosling dont l'intonation trahissait la difficulté à concilier le respect qu'il devait à son invité et le sentiment de dérision qu'il éprouvait à l'énoncé de tant de prétention.

— C'est le cinquième jour quand même, tenta d'argumenter Medford pendant que la chaleur du zénith (y compris de ce côté-ci de la cour) se faisait plus pesante et que ses forces de résistance semblaient vouloir céder.

— Je comprends, Monsieur : un homme comme vous, avec de si nombreux engagements et pas une minute à soi, concéda Gosling.

Il débarrassa la table, remit le tout entre les mains d'un Arabe qui apparut et disparut comme par enchantement et finalement s'éclipsa pendant que

Medford s'affalait sur le divan — en route pour le pays des rêves.

L'après-midi demeurait suspendu au-dessus de la forteresse tel un grand vélum tissé d'or posé entre les remparts et qui s'affaissait en plis paresseux sur les palmiers touffus. Lorsque la couleur or se transforma enfin en violet et l'ouest en un arc de cercle cristallin couronnant les sables du désert, il émergea de sa torpeur et alla se promener ; mais, au lieu de monter sur le toit comme il en avait l'habitude, il prit une autre direction.

Il fut surpris de découvrir qu'après cinq jours passés à traînasser et à attendre, il ne savait presque rien de l'endroit où il se trouvait. Peut-être était-ce aussi la dernière soirée qu'il y passerait seul… Aussi quitta-t-il la cour par un passage voûté qui menait à une autre cour, elle aussi entourée de murs. Pendant qu'il s'approchait, deux ou trois Arabes assis contre un mur se levèrent et disparurent — comme si le lourd mur de pierre derrière eux les avait absorbés.

Il entendit alors un martèlement de sabots et un bruit d'étable. Il s'avança jusqu'à d'autres arcades et se retrouva entouré de chevaux et de mules. Dans la lumière déclinante, un Arabe, tout prêt de s'éclipser lui aussi, étrillait un jeune et puissant alezan. Medford le retint par la manche.

— Continue ! dit-il en arabe.

L'homme, un jeune et fort Bédouin au visage mince, s'arrêta net et le regarda :

— J'ignorais que Votre Excellence parlait notre langue.

— Oui, bien sûr, dit Medford.

L'homme demeura silencieux, une main posée sur l'encolure nerveuse du cheval et l'autre glissée dans sa ceinture de laine. Medford et lui s'observaient.

— C'est celui qui boite ? demanda Medford.

— Celui qui boite ? répéta l'Arabe tout en considérant les pattes de l'animal. Oh, oui, c'est ça, ajouta-t-il vaguement.

Medford se pencha et tâta les genoux et les boulets de la bête.

— Il m'a l'air en pleine forme. Ne pourrait-il pas m'emmener faire un petit galop ce soir si jamais l'envie m'en prenait ?

Perplexe, l'Arabe se mit à réfléchir. Répondre à une telle question était visiblement une trop lourde responsabilité pour lui.

— Votre Excellence veut le monter ce soir ?

— Oh, c'est juste une envie — peut-être ou peut-être pas…

Medford alluma une cigarette. Il en offrit une au lad qui, pour marquer sa satisfaction, se mit à sourire de toutes ses dents. L'allumette les rapprocha et l'Arabe sembla vouloir baisser sa garde.

— Ton maître le monte ? demanda Medford.

— Oui Monsieur. C'est son cheval préféré, dit le lad, en passant fièrement sa main sur l'épaule lustrée de la bête.

— Son préféré ? Cela ne l'a pourtant pas empêché de partir sans lui ? fit remarquer Medford pendant que l'Arabe, soudain muet, contemplait le sol. Cela ne t'a pas surpris ?

L'homme fit un geste qui voulait dire que ce n'était pas son affaire et tous deux demeurèrent silencieux pendant que la nuit étendait rapidement sur toute chose son bleu manteau.

— Où penses-tu qu'il soit actuellement ? demanda négligemment Medford.

La lune, dont l'éclat du soleil couchant avait un temps oblitéré la présence, venait de reprendre possession du monde et un rayon blafard éclaira en plein la blouse blanche de l'homme, son visage sombre et le turban qui lui servait de coiffure. Les globes de ses yeux brillaient comme des bijoux.

— Si telle est la volonté d'Allah, nous finirons bien par savoir !

— Mais tu es bien sûr au moins qu'il est en sécurité là où il est et qu'il est inutile de rassembler une équipe pour partir à sa recherche ?

L'Arabe réfléchit longuement. Il ne s'attendait pas à une telle question. Il passa son bras autour de l'encolure du cheval tout en continuant de fixer les pierres de la cour.

— Lorsque le maître est absent, c'est Gosling qui commande ici.

— Et Gosling pense que ça n'est pas nécessaire ?

L'Arabe fit signe que non — pas encore.

— Et si ton maître venait à ne pas rentrer…

L'homme demeurait toujours aussi silencieux.

— Tu es palefrenier, n'est-ce pas ? poursuivit Medford.

— Oui, Votre Excellence.

S'ensuivit une autre pause. Medford, qui s'apprêtait à partir, jeta soudain un coup d'œil par-dessus son épaule :

— Je suppose que tu sais dans quelle direction il est parti et où il est allé ?

— Oh, sûrement, Votre Excellence.

— Alors, toi et moi allons essayer de le trouver. Sois prêt une heure avant le lever du soleil. Ne dis rien à personne, à personne, tu m'entends, pas même à Gosling. Nous devrions, toi et moi, en être capables, sans l'aide de personne.

— Oh, Monsieur, vous verrez donc notre maître avant demain soir et personne n'est au courant, conclut l'Arabe dont les yeux et les dents se mirent à lancer des éclairs.

« Il est aussi inquiet que moi », pensa Medford pendant qu'un léger frisson lui parcourait l'échine.

— Tu as raison. Sois prêt, répéta-t-il.

Il revint dans la cour, la trouva vide de gens, mais étrangement habitée de plusieurs palmiers en argent martelé et d'un figuier en marbre blanc. « Après tout, pensa-t-il sans que cela eût le moindre lien, j'ai bien fait de ne pas dire à Gosling que je parle arabe. »

Il s'assit dans le salon et attendit que l'obséquieux serviteur vienne et lui annonce pour la cinquième fois que le dîner était servi.

5

Medford sursauta et se dressa sur son lit. Il y avait quelqu'un dans la pièce. Il en prit conscience non pas tant en scrutant et en écoutant (la lune s'était couchée et le silence était complet) que par ce léger déplacement des courants invisibles qui nous entourent tous.

Il s'éveilla pour de bon, se saisit de la lampe électrique et en envoya le faisceau dans deux yeux étonnés : ceux de Gosling, penché sur son lit.

— Almodham est de retour ? s'exclama-t-il.

— Non pas, Monsieur, dit Gosling à voix basse.

Sans que Medford en devine les raisons ni la nature, la façon dont l'homme contrôlait à la fois sa voix et ses gestes lui laissa pressentir la proximité du danger. Il se redressa sur son lit et le regarda froidement.

— Qu'est-ce qu'il y a alors ?

— Mon Dieu, M'sieur, vous auriez dû m'dire que vous parliez arabe, dit Gosling sur le ton du reproche et de l'accablement, et surtout pas comploter avec Selim en lui donnant des randy-vouzes* la nuit, dans l'désert.

* « Randy-voos » dans le texte, écriture phonétique anglaise de « rendez-vous » ; comme l'aurait dit et écrit Alfred White, l'intendant d'Edith Wharton. [N.d.T.]

Medford attrapa les allumettes et alluma la bougie. Il ignorait s'il devait mettre Gosling à la porte ou écouter ce qu'il avait à dire. Sa curiosité l'emporta.

— Quelle folie ! J'ai d'abord pensé à vous enfermer à double tour, c'que j'aurais parfaitement pu faire, dit Gosling en sortant la clef de sa poche et en la brandissant. J'aurais pu aussi vous laisser partir. C'était l'plus simple, malgré Wembley.

— Wembley ? répéta Medford.

Il commençait à penser que l'homme était fou. Ce sont des choses qui arrivent dans un endroit comme celui-ci où les manœuvres dilatoires et les envoûtements sont monnaie courante. Il se demanda aussi si Almodham lui-même n'était pas un peu fêlé — au cas où, bien entendu, il serait encore de ce monde.

— Wembley, oui. Vous m'avez promis d'demander à Almodham de m'donner mes congés, de m'laisser retourner en Angleterre pour aller à Wembley. Chaque homme a ses faiblesses, s'pas, M'sieur ? Moi, c'est celle-là. J'y ai dit et redit. Y m'a jamais entendu, tout en m'faisant croire qu'y m'écoutait : « On verra, Gosling. On verra », y m'disait. Et j'en entendais plus parler. Mais avec vous, M'sieur, c'était différent. Vous l'avez dit et j'vous ai cru — à propos d'mes congés. C'est la raison pour laquelle j'vais vous enfermer, dit-il calmement avec des tremolos dans sa voix de cockney à l'accent méditerranéen.

— M'enfermer ?

— Vous empêcher d'partir avec cet assassin, d'une manière ou d'une autre. Vous espériez quand même pas r'venir vivant de vot' promenade ?

Un frisson parcourut Medford, le même que la veille lorsqu'il s'était dit que l'Arabe était aussi inquiet que lui.

— Je ne vois pas de quoi vous voulez parler, mais vous n'allez sûrement pas me garder enfermé, dit Medford en laissant échapper un léger rire.

La réaction de Gosling fut tout à fait inattendue. Son visage se convulsa en une horrible grimace, deux larmes lui montèrent aux yeux et roulèrent sur ses joues.

— Vous m'faites pas confiance, alors ? dit-il d'un ton pleurnichard.

Medford s'appuya sur son oreiller et réfléchit. Rien d'aussi étrange ne lui était jamais arrivé. Le type était ridicule à faire rire, mais ses larmes étaient vraies. Pleurait-il Almodham déjà mort ou son invité qu'attendait un sort semblable ?

— Je vous aurais cru dans l'instant si vous m'aviez dit où se trouve votre maître, rétorqua Medford.

Malgré les traces de larmes qui brillaient encore sur ses joues, le visage de Gosling avait retrouvé sa réserve habituelle.

— J'peux pas, M'sieur.

— C'est bien ce que je pensais.

— Parce que j'sais pas.

— Bon. Vous pouvez aller maintenant, dit Medford en posa un pied à terre tout en gardant la main posée sur son revolver dissimulé sous la couverture. Mais mettez d'abord la clef sur la table et ne vous mêlez pas de faire quoi que ce soit qui dérange mes plans — ou je vous tire dessus, ajouta-t-il rapidement.

— Oh, vous allez sûrement pas tirer sur un sujet britannique, M'sieur. L'embarras s'rait trop grand. C'est pas un problème non plus, parce que moi, je m'en fiche et même que j'ai déjà pensé à l'faire — surtout à la saison du sirocco et ça m'fait pas peur. Et puis, si vous l'faisiez, vous pourriez plus partir.

Medford s'était dressé, le revolver à la main pendant que Gosling le considérait d'un air indifférent.

— Selim est bien déterminé, et tous les autres avec lui. Y veulent tous se débarrasser d'vous. C'est pour ça que j'les ai tenus à l'écart et que j'vous ai servi moi-même. Alors, d'accord ? Vous restez ? Pour l'amour du Ciel, M'sieur ! La caravane qui vient d'la côte revient après-d'main. Vous devriez partir avec elle, M'sieur. C'est la seule solution raisonnable ! J'vous laisserai pas partir tout seul avec nos hommes, même si vous m'juriez d'aller jusqu'à la côte en ligne droite et d'laisser tomber l'affaire.

— L'affaire ? Quelle affaire ?

— Tout c'souci à propos d'Almodham, M'sieur. Non pas qu'y ait matière à s'en faire. Ça, y l'savent tous ici. Mais la vérité, c'est que depuis qu'y est parti, y ont volé l'argent dans la boîte et que si j'avais pas moi-même ouvert l'œil, j'serais déjà mort. Tout c'qu'y désirent, c'est qu'vous partiez à sa r'cherche et que vous leur donniez l'occasion d'vous enfouir sous un tas d'sable, loin de la route des caravanes. Et ça s'rait facile pour eux ! C'est tout, M'sieur, ma parole.

Un long silence s'ensuivit. Les deux hommes se faisaient face à la lueur de la bougie cependant que Medford, au fur et à mesure que s'imposait le danger, retrouvait ses esprits, son cerveau comme muni d'antennes cherchant à percer l'impénétrable mystère. C'était étrange car, bien qu'il ne le crût qu'à moitié, l'homme lui inspirait malgré tout un curieux sentiment de confiance — du moins en ce qui concernait leur propre relation : « Sans doute ment-il à propos d'Almodham pour cacher Dieu sait quoi, conclut-il, mais je ne crois pas que ce soit le cas en ce qui concerne Selim. »

— Très bien, dit-il, en posant son revolver sur la table. Je vais me dispenser de sortir et d'aller à la recherche d'Almodham puisque vous me le déconseillez, mais je ne vais pas pour autant me joindre à la caravane. Je vais continuer d'attendre, jusqu'à ce qu'il revienne.

— Oh ! faites pas ça, M'sieur ! dit Gosling devenu tout à coup très pâle malgré son teint cireux. J'réponds pas d'eux si vous restez. Avec la caravane qui passe après-demain, vous pourrez regagner la côte aussi facilement que si vous étiez dans Rotten Row.

— Ah ! Vous savez donc qu'Almodham ne sera pas de retour avant après-demain ?

— J'sais rien, M'sieur.

— Même pas où il se trouve ?

— Il a été absent trop longtemps pour que j'le sache, M'sieur, dit Gosling, après réflexion.

Et il sortit, refermant la porte derrière lui.

Incapable de se rendormir, Medford se mit à la fenêtre, regarda pâlir les étoiles et se lever l'aube glorieuse. Pendant que la vie s'éveillait à l'intérieur des anciens murs, il s'émerveilla du contraste entre la pureté de la fontaine qui jaillissait dans les cieux et le nid de vipères aux secrets diaboliques qui grouillait à l'intérieur des murs. Comment savoir et qui croire ? Un quelconque ennemi avait-il attiré Almodham dans le désert avec la complicité de ses gens, ou ces derniers avaient-ils leurs raisons de le faire disparaître ? Et enfin, dans quelle mesure Gosling était-il dans le vrai lorsqu'il prétendait qu'un même sort l'attendait, lui, s'il refusait de partir ?

Medford, face à la lumière grandissante, sentait ses forces lui revenir. L'épaisseur même du mystère le stimulait. Il resterait et découvrirait la vérité.

6

C'était toujours Gosling qui apportait l'eau du bain, mais ce matin-là il ne parut pas. Lorsqu'il arriva avec le plateau du petit déjeuner, Medford remarqua que son visage était d'une pâleur de cire et que ses yeux étaient rouges, comme s'il avait pleuré. Le contraste était frappant et Medford sentit revenir toute son aversion.

— Et mon bain ? demanda-t-il.

— Comme vous vous êtes plaint hier de l'eau…

— Faites-la bouillir.

— C'est fait, Monsieur.

— Bon. Et alors ?

Gosling ressortit précipitamment et revint, un pot d'eau à la main :

— C'est l'époque qui veut ça. Si seulement il pouvait pleuvoir, grommela-t-il tout en versant une maigre quantité d'eau dans la bassine.

« C'est vrai que le puits devait être bien bas », pensa Medford. Même bouillie, l'eau avait la même odeur nauséabonde que celle de la veille. Mais comment faire sans se laver dans ce climat ? Il s'aspergea comme il put.

Il passa la journée à ne rien faire et à réfléchir. Il avait pensé que la nuit lui aurait porté conseil ; mais le courage et la détermination qui étaient les siens le matin suivant ne servaient à rien sans une bonne dose de réflexion. Il se rappela alors que la caravane qui venait de la côte et se dirigeait vers le sud, devait passer à proximité de la forteresse dans l'après-midi — Gosling lui en ayant assez rebattu les oreilles ! N'était-ce pas en effet la caravane qui devait apporter le Perrier ?

« Vivement ! » pensa Medford. Il se sentait la peau toute hérissée. Quelque chose de malsain et de visqueux, moitié odeur, moitié matière, semblait lui coller au corps depuis son bain du matin et l'idée d'avoir à boire cette eau lui donnait la nausée.

Mais la raison essentielle qui le rendait impatient de voir surgir la caravane, c'était l'espoir que s'y trouverait quelque Européen ou du moins un fonctionnaire indigène originaire de la côte à qui il pourrait confier son anxiété. Il traînassa dans la cour, écouta, attendit, puis se décida à monter sur le toit pour scruter la piste en direction du nord. Dans l'éclat de l'après-midi, il ne vit cependant qu'un convoi de mules conduites par trois Bédouins et qui se dirigeaient vers la forteresse.

Comme ils gravissaient le raidillon, Medford reconnu les hommes d'Almodham et devina bientôt que la caravane qui était due pour le sud ne passait pas vraiment sous les murs de la forteresse et que les hommes avaient été envoyés à sa rencontre — probablement dans une petite oasis située dans un creux, derrière une rangée de dunes. Dépité par son propre manque de perspicacité, Medford se précipita dans la cour, le cœur rempli d'espoir à l'idée que les hommes rapportaient peut-être des nouvelles d'Almodham — même si ce dernier n'avait, au mieux, que croisé la piste de la caravane. Qui sait ? Quelqu'un avait peut-être glané quelques renseignements et des bruits avaient pu circuler. Tout ne finissait-il pas par se savoir dans le désert ?

Alors que Medford arrivait dans la cour, des vociférations s'élevèrent depuis le quartier des étables. Le temps de se pencher au-dessus du mur et tout était redevenu silencieux : Gosling, c'était sûr, tenait ses hommes d'une main de fer et avait fait taire leurs criailleries. Tous s'étaient débandés et seule la voix de Gosling (habituellement si discret et si mesuré) se faisait entendre :

— Et donc, vous ne l'avez pas ramenée, hurlait-il, apostrophant ses gens dans une demi-douzaine de ces dialectes du désert dont il avait une maîtrise parfaite. Et en plus vous osez me dire qu'elle n'y était pas. Et je vous dis, moi, qu'elle y était et que vous le savez aussi bien que moi. Et que, soit vous l'avez perdue, soit vous l'avez oubliée sur un tas de sable pendant que vous bavassiez avec ces types de la côte ; ou vous l'avez mal attachée et vous l'avez perdue en route car vous étiez trop endormis pour réaliser. Bande de bons à rien ! Sûr que je ne prononcerais pas le nom de vos mères de peur de m'écorcher la bouche ! Allez, demi-tour ! Retournez la chercher — et fissa !

— Par Allah et la tombe du Prophète, vous avez tort de vous en prendre à nous ! Il ne reste rien à l'oasis, pas plus que sur la route. Elle n'y était pas et c'est la vraie vérité.

— La vraie vérité ? espèces de tire-au-flanc et de sales menteurs ; la vraie vérité, c'est que notre homme, celui qui est là, ne boit que de l'eau — exactement comme vous prétendez le faire, gonflés que vous êtes tous d'alcool et plus hypocrites les uns que les autres.

Medford fit un pas en arrière. Soulagé, il se mit à sourire : il n'était après tout question que d'une caisse de Perrier — une simple caisse qui manquait et qui avait fait monter le ton entre ces hommes, tous adultes et responsables, jusqu'à des sommets ! Si Gosling, le paisible Gosling, devait dépenser tant d'énergie et se mettre en colère pour si peu de chose, lui, Medford, devait du moins garder la tête froide et ne plus spéculer comme il l'avait fait, puisqu'il n'y avait de toute façon pas matière. Il était à la fois touché par la sollicitude de Gosling à son égard et mécontent d'avoir été la dupe de toutes ces élucubrations qui n'avaient d'autre origine que les fantasmagories nées du désert.

Almodham était parti afin de régler ses affaires et les hommes savaient probablement où et pour quelles raisons. Et même s'ils l'avaient volé et s'étaient querellés à propos du partage, Medford ne voyait pas ce qu'il pouvait personnellement y faire. Il se pouvait aussi que l'original qui lui servait d'hôte regrettait de l'avoir aussi sottement invité et était parti afin de ne pas avoir à subir sa présence. « Cela est bien possible », pensa-t-il. Il se posa alors la question de savoir si Almodham ne s'était pas tout simplement réfugié dans une autre partie de la maison et attendait gentiment que son invité s'en aille.

Cela pouvait aussi expliquer pourquoi Gosling avait essayé de l'éloigner et expliquait encore sa nervosité et ses sautes d'humeur. Si bien que Medford, amusé de son propre entêtement, décida de partir dès le lendemain. Sa décision prise, il se sentit plus léger et flâna dans la cour jusqu'à l'heure du crépuscule puis, suivant son habitude, monta sur le toit. Mais, au lieu de balayer l'horizon comme il le faisait habituellement, son regard s'attarda sur l'édifice lui-même. Que penser en effet de ces chambres qui, suspendues dans l'air, s'accrochaient aux angles les plus inattendus, de leurs fenêtres aux volets clos — ou pour d'autres, de l'énigme de leurs vitres peintes ? Il se demanda derrière laquelle se dissimulait son hôte, occupé probablement à l'espionner pendant qu'il se promenait.

L'idée que cet homme étrange et capricieux, au long visage bronzé et à la tignasse blanche, au caractère renfermé autant que tyrannique et au nombrilisme morbide, se trouvait à un jet de pierre, donna pour la première fois à Medford un sentiment aigu d'isolement. Il se sentait rejeté, indésirable. L'endroit, maintenant qu'il l'imaginait habité par quelqu'un qui se cachait, était devenu inhospitalier et dangereux. « Quel sot je fais, réfléchit-il, sans doute s'attendait-il à ce que je fasse mes paquets et que je déguerpisse dès qu'on m'aurait dit qu'il n'était pas là. » Oui, il lui fallait décidément partir dès le lendemain matin.

Gosling ne s'était pas montré de tout l'après-midi. Lorsqu'il vint enfin mettre la table, il avait l'air sombre, presque abattu et faisait montre d'une réserve que Medford ne lui connaissait pas et c'est à peine s'il répondit lorsque le jeune homme lui lança : « Alors, c'est l'heure du dîner ? »

Lorsque Medford fut assis, il lui servit son premier plat en silence, laissant son verre vide. Medford en effleura le bord.

— Oh, il n'y a rien à boire, Monsieur. Les hommes ont perdu la caisse de Perrier ou l'ont laissée tomber ou ont cassé les bouteilles. Ils prétendent qu'elle n'y était pas. Comment savoir puisque ces païens ne font que mentir, éclata soudain Gosling en posant le plat qu'il portait.

Et Medford réalisa soudain qu'il n'avait pu faire autrement que de poser le plat, tant il tremblait — comme s'il avait été pris de fièvre.

— Mais peu importe, mon brave ! Vous n'allez quand même pas vous rendre malade pour si peu ! s'exclama Medford tout en posant sa main sur le bras du serviteur.

— Oh, mon Dieu ! Si j'avais pu y aller moi-même ! murmura l'autre en se précipitant hors de la pièce.

Medford en demeura pantois. Sûr que ce pauvre Gosling était sur le point de craquer. Et il n'y avait rien d'étonnant à cela tant Medford lui-même se sentait oppressé par la bizarrerie ambiante. Gosling réapparut bientôt, raide et les lèvres serrées, apportant le dessert et une bouteille de vin blanc.

— Je suis désolé, Monsieur.

Pour le calmer, Medford but son vin à petites gorgées, puis repoussant sa chaise, s'en retourna dans la cour. Il se dirigeait vers le figuier à côté du puits, lorsque Gosling se précipita, saisit la chaise et la table et les porta à l'autre bout de la cour.

— Vous y serez mieux : la brise va bientôt se lever, dit-il. Je vais chercher votre café.

Il disparut de nouveau. Medford s'assis tout en contemplant l'empilement de maçonnerie et de pisé qui se trouvait en face de lui. Il se demandait bien pour qu'elles raisons son siège avait été déplacé. Lui fallait-il vraiment sortir du champ de vision de son observateur invisible ou était-ce le contraire ? Gosling apporta le café et s'en fut cependant que Medford demeurait assis à la même place.

Il finit par se lever et par faire les cent pas dans la cour tout en fumant. La lune restait invisible et une obscurité pesante envahissait les anciens murs. La brise qui s'était levée, avait entamé son mystérieux dialogue avec les palmiers.

Medford vint se rasseoir mais, à peine installé, commença d'imaginer le regard de son observateur jalousement fixé sur l'étincelle rouge de son cigare. Une sorte de malaise le gagna, comme si Almodham, dissimulé quelque part dans l'obscurité au-dessus de lui, étendait deux longs bras fantomatiques dans sa direction. Il retourna au salon où pour le moins brillait une lampe sous l'abat-jour ; mais l'air y était irrespirable et il ressortit bientôt, tira son siège jusqu'au figuier afin de s'éloigner d'une fenêtre qu'il jugeait suspecte et se sentit soulagé — même si, là où il se trouvait, l'air était stagnant et chargé des exhalaisons du puits voisin.

« L'eau doit être bien basse », pensa-t-il. L'odeur, quoique légère, était fort déplaisante. Elle infestait et gâchait la pureté de la nuit. Mais il se sentait davantage en sécurité loin du regard invisible de celui qui était devenu désormais son ennemi personnel. « Si dans le désert on m'avait planté un couteau dans le dos, je crois bien que ç'aurait été sur l'ordre d'Almodham », pensa-t-il en s'endormant.

Lorsqu'il s'éveilla, la lune, dans sa course, roulait son lourd disque au-dessus des murs et l'obscurité était moins dense. Il avait dû dormir une heure, peut-être plus. La nuit était délicieuse — partout ailleurs, certes ; sauf à l'endroit où il se trouvait car il sentit les frissons de son ancienne fièvre le reprendre. Il se souvint alors de ce que Gosling avait dit concernant l'insalubrité de la cour dès la nuit tombée. « Ce doit être à cause du puits, réfléchit-il. J'ai dû m'asseoir trop près. » Il avait mal à la tête et avait l'impression que quelque chose de douceâtre et de fétide lui collait au visage — comme tout à l'heure, après son bain. Il se leva et s'approcha afin de vérifier le niveau de l'eau, mais la lune n'était pas assez haute pour éclairer le fond du puits et il dut se contenter de scruter l'obscurité.

C'est alors qu'il sentit soudain deux mains qui l'agrippaient par-derrière et le poussaient. L'instant d'après, et accompagnant sa propre résistance, la poussée s'inversa et on le tirait en arrière. Il se retourna et se trouva alors face à Gosling qui le lâcha immédiatement.

— J'ai cru que vous aviez la fièvre, Monsieur, et que vous alliez tomber dans le puits, affirma l'homme.

Medford retrouva ses esprits :

— Vous devez être aussi malade que moi : j'ai eu pour ma part l'impression que vous vouliez m'y faire tomber, dit Medford en riant.

— Moi, M'sieur ? s'étouffa Gosling. Au contraire, j'vous ai tiré en arrière, autant que j'ai pu.

— Bien sûr, je sais.

— Mais aussi, vous faites quoi, M'sieur ? J'vous avais prévenu. L'air est malsain la nuit dans la cour, poursuivit Gosling sur le ton de la colère.

— Je crois que tout est malsain, ici, dit Medford appuyé sur le rebord du puits et les yeux fixés sur son interlocuteur.

— Vous n'allez pas vous coucher, M'sieur ? finit par demander Gosling.

— Non, dit Medford. Je préfère rester.

— Et moi, je préférerais pas, insista fermement Gosling dont le visage exprimait la colère.

— Et pourquoi ? demanda Medford en riant. C'est l'heure à laquelle Almodham sort prendre l'air ?

L'effet produit fut surprenant. Gosling recula d'un pas ou deux et, portant les mains à son visage, les pressa contre ses lèvres, comme pour étouffer un cri.

— Qu'y a-t-il ? demanda Medford que les manières de l'homme commençaient passablement à énerver.

— Ce qu'y a ? rétorqua Gosling qui, dans le contre-jour de la lune montante, se tenait à distance.

— Allez ! Avouez qu'il est là et on n'en parle plus ! s'écria Medford avec impatience.

— Y est là ? C'est ça qu'vous dites ? Vous l'avez quand même pas vu ? ânonna Gosling.

Tout en parlant, il leva de nouveau les mains jusqu'à son visage, trébucha et s'affala en tas aux pieds de Medford qui, toujours souriant et toujours appuyé sur le rebord du puits, contemplait avec mépris l'homme foudroyé. Ainsi Medford avait vu juste et n'avait pas été sa dupe.

— Levez-vous et arrêtez votre cirque ! Vous n'y êtes pour rien. J'ai deviné qu'Almodham se promenait la nuit, voilà tout.

— Y s'promène ! hurla l'autre, toujours à terre.

— Prétendrez-vous le contraire ? Il n'a pas l'intention de vous assassiner, que je sache ?

— M'assassiner, moi ? Mais c'est de vous dont j'aurais dû me débarrasser et personne d'autre ! dit Gosling en se redressant, la tête rejetée en arrière et comme pris de terreur. J'aurais pu. Vous avez bien dû sentir que j'aurais pu vous précipiter en bas, non ? Quelle idée aussi d'venir traîner par ici, d'espionner et d'renifler partout ! conclut-il, étouffé par l'angoisse.

Medford n'avait pas changé de position. Il se sentait fort devant tant d'abjection. Mais le dernier cri de Gosling avait soudain détourné le cours de ses spéculations. Almodham était donc là, c'était certain — mais où exactement et dans quel état ? Un nouveau frisson de terreur lui parcourut l'échine.

— Vous vouliez donc me jeter dans le puits ? dit-il. Et pour quelle raison ? Vous vouliez que j'aille rejoindre votre maître ?

L'effet fut immédiat. Gosling se remit debout, tremblant et tête basse sous la lumière de la lune.

— Oh, mon Dieu ! j'y étais presque ! Et puis, Wembley m'est revenu — c'que vous avez dit à propos de Wembley. J'crois bien que vous vouliez m'aider et que c'était pas des paroles en l'air, et c'est pour ça que j'ai pas pu aller jusqu'au bout.

Son visage était à nouveau couvert de larmes, mais Medford eut cette fois un mouvement de recul, comme si elles n'avaient été que les éclaboussures projetées par un corps tombant dans les eaux croupissantes du puits. Il demeura silencieux. Il ignorait si Gosling était armé, mais il n'avait plus peur. Il était simplement atterré — lucide, autant que tremblant et atterré.

— Oh, si seulement nous l'avions eue c'te caisse de Perrier, poursuivit Gosling comme pris de délire.

J'crois bien que si on l'avait eue et que vous en aviez bu tout vot' saoul, vous auriez pas eu l'idée. Dites-moi, c'est vrai qu'y marche dans la cour ? J'savais bien qu'ça finirait comme ça. Seulement, qu'est-ce que j'pouvais bien faire de lui, avec vous qu'êtes arrivé l'jour même ?

Medford ne bougeait toujours pas.

— Y m'rendait comme fou, M'sieur. Oui, fou — complètement fou. C'était la s'maine juste avant qu'vous arriviez. J'devais prendre le bateau pour l'Angleterre pour mon mois d'congés (six mois que j'aurais pu prendre, j'y avais droit, pour sûr). Donc, un mois entier à Ammersmith, M'sieur, chez un cousin à moi et l'occasion d'voir Wembley, d'un bout à l'autre. Et puis le v'là qu'y apprend vot' visite, M'sieur, et y était seul ici à s'ennuyer, vous comprenez ? Y lui fallait toujours d'la nouveauté pour s'occuper ou sinon y faisait n'importe quoi. Et dès qu'y a appris qu'vous veniez, y a changé d'un coup d'humeur et y est dev'nu tout joyeux : « J'vais l'garder tout l'hiver Gosling. C'est un type bien et y m'ressemble. » Et quand j'y ai parlé d'mes congés, y m'a regardé avec ses yeux fixes et y m'a dit : « Des congés ? Oh, bien sûr, mais l'an prochain, Gosling, on verra ça l'an prochain. » L'an prochain, M'sieur ! comme si y m'faisait une fleur ! Et c'était comme ça depuis presque douze ans.

» Mais c'te fois, si vous n'étiez pas v'nu, j'crois bien qu'y serais arrivé, car y commençait à s'habituer à Selim, et puis, côté santé, c'était plus ça. Alors j'lui ai lâché mon paquet : que c'était mon droit, que j'n'étais plus tout jeune et que j'l'avais servi, enchaîné ici, comme un chien d'garde… Et que c'était toujours l'an prochain et l'an d'après… Et puis, M'sieur, y s'est mis à rire ou plutôt à ricaner tout en allumant sa cigarette et y m'a dit : « Oh, ça va Gosling ! »

» Y s'tenait exactement là où vous êtes, M'sieur et y s'est détourné pour rentrer dans la maison. Alors j'l'ai frappé. Y faisait son poids, pour sûr, et y est tombé contre l'rebord du puits — avec vous qui étiez prévu arriver d'une minute à l'autre. Oh, mon Dieu ! prononça Gosling d'une voix qui se perdit dans un étranglement.

Tout en l'écoutant, Medford s'était instinctivement reculé de quelques pas. Les deux hommes se tenaient face à face au milieu de la cour et se regardaient fixement sans parler. Quant à la lune, dans sa course montante au-dessus des remparts, l'un de ses rayons avait fini par percer les ténèbres du puits.

Notes

Abréviations :
BB : Bernard Berenson.
EW : Edith Wharton.
MB : Minnie Bourget.
MF : Morton Fullerton.
PB : Paul Bourget.
PL : Percy Lubbock (ami proche d'Edith Wharton).

Les Bourget

1. Lucien Corpechot, *Souvenirs d'un journaliste* (t. 2, 151).

2. Agenda PB, 1893. La visite à Newport est rédigée à partir des notes de Paul Bourget.

3. Le 30 août 1893.

4. EW, *La Revue hebdomadaire,* « Souvenirs du Bourget d'Outremer ».

5. John et Isabella Stewart Gardner. Elle est cette fameuse collectionneuse de tableaux qu'Edith Wharton n'apprécie guère. Invitée chez Isabella Gardner à un gala d'inauguration en 1903, Edith Wharton s'étant plainte de la pauvreté de la nourriture qui lui rappelait celle d'un buffet de gare français, Mrs Gardner l'avait raccompagnée jusqu'à la porte en lui promettant que jamais plus elle ne l'inviterait dans ce « buffet de gare. »

6. EW, *La Revue hebdomadaire,* « Souvenirs du Bourget d'Outremer ».

7. Le 29 janvier 1896, auprès de la baronne de Prailly.

8. Henry James à William James, Le Plantier, 22 avril 1899.

9. PL : *Portrait of Edith Wharton,* « A letter from Charles Du Bos ».

10. Tous vont dans le même sens : Paul Bourget, Henry James et Walter Berry ; mais Bourget fut certainement le premier à en suggérer l'idée, les autres se contentant de la reprendre.

11. La page est directement rédigée d'après l'agenda de Paul Bourget. Newport 1893.

12. Bad Ragaz, station thermale suisse.

13. Écrit d'après l'agenda 1899 de Paul Bourget et pour toute l'année.

14. Minnie Bourget est née Minnie David. Paul Bourget la rencontre alors qu'il fréquente les milieux juifs de la haute société parisienne.

15. EW, « Souvenirs du Bourget d'Outre-mer ».

16. Écrit d'après l'agenda 1899 de Minnie Bourget et pour toute l'année.

17. PB, *Sensations d'Italie,* III.

18. EW, « Souvenirs du Bourget d'Outre-mer ».

19. EW, *A Backward Glance.*

20. Minnie Bourget, lignes extraites de son *Journal de voyage*, année 1900.

21. PB, agenda 1900.

22. Traducteur et critique franco-anglais.

23. PL, *op. cit.*, « Lettre de Charles Du Bos ».

24. Femme de lettres française, amie de Chateaubriand.

25. MB, agenda 1907, et pour toute l'année.

26. Millicent Bell, *Edith Wharton & Henry James, The Story of their Friendship.*

27. Pierre de Nolhac, poète, érudit et historien français très prolixe. Victor Delafosse, homme politique et écrivain français. Gustave Schlumberger, historien et archéologue français.

28. *La Demeure de liesse* qui deviendra, *Chez les heureux du monde.*

29. Voir Edith Wharton, *Lettres à l'ami français* (rassemblées et éditées par Claudine Lesage.)

30. EW à MF, 13 Janvier 1908.

31. Théodule Ribot (1842-1916), philosophe et psychologue français, professeur au Collège de France, directeur de la *Revue Philosophique.*

32. Agenda de Minnie Bourget, 1908.

33. Lewis : *Edith Wharton, A Biography* (207).

34. EW à MF, fin février 1908.

35. EW à Matilda Gay, 1908.

36. EW à MF, fin février 1908.

37. Walter Berry, ami très proche d'Edith Wharton depuis 1883 ; homme cultivé, spécialiste de droit, il vit désormais à Paris.

38. EW à E. Cameron, 26 novembre 1915, Hôtel Costebelle, Hyères.

39. *Journal* d'André Gide, Bibliothèque de la Pléiade, 1951 (520).

40. MB, agenda 1915 et pour le reste de la visite.

41. Robert Norton : ami anglais très proche d'Edith Wharton. Dilettante et aquarelliste.

42. Vicomte de Vogüé (1848-1910), député, académicien, auteur de *Jean d'Agrève*.

43. Peintre belge, ami de Gide, qui réside au Lavandou.

44. EW à BB, 15 février 1918, Montredon, par Marseille.

45. Alfred Rangod, dit Pechiney, possédait tout le territoire du Vieux-Château. Passionné par son domaine, il y fit d'importants travaux d'aménagement et de déblaiement et contribua grandement à sa conservation. Edith Wharton, d'une certaine manière, reprendra le flambeau d'Alfred Pechiney, décédé en 1916. (*Hyères, Le Vieux-Château*, Félix Descroix. Préface de Jules Formigé.)

46. MB, agenda 1918.

À Sainte-Claire

1. EW à BB, 7 juin 1921.

2. MB, agenda 1919 et pour le reste de l'année.

3. EW à Léon Bélugou, Hôtel du Parc, Hyères, 9 janvier 1919.

4. Minnie Bourget parle ailleurs de « ces dames Poucet » et des thés qu'elles donnaient à Paris pendant la guerre.

5. EW à BB, 27 janvier 1919, Hôtel du Parc, Hyères.

6. EW, « Souvenirs du Bourget d'Outre-mer ».

7. Voir *La Croisière du Vanadis*, journal de son voyage en Méditerranée en 1888 et dont le manuscrit est conservé à la Médiathèque d'Hyères.

8. PL, *op. cit.* (178).

9. Bernard Berenson, critique d'art, spécialiste de la Renaissance italienne et grand ami d'Edith Wharton.

10. Tableau de la Renaissance italienne que possédait les Bourget et dont Paul était très fier.

11. Jules Jusserand, diplomate et littérateur français, ambassadeur de France à Washington. Publie *En Amérique, jadis et maintenant* (1918).

12. Miss Richards, jeune et charmante jeune fille répondant au prénom de Gioia et née d'un premier mariage de Mrs Tyler.

13. Guillemin, pacifiste et chaud partisan de la Société des nations.

14. Jacques Bainville, écrivain français, académicien, monarchiste. Étudie les relations franco-allemandes et publie *Les Conséquences politiques de la paix* (1920), *L'Angleterre et l'Empire britannique* (préface de Morton Fullerton, 1938.) Membre fondateur de l'Action française.

15. Alfred Capus, académicien, romancier et dramaturge.

16. Fait partie des Américains qui ont aidé Edith Wharton pendant la guerre.

17. MB, agenda 1920, ainsi que pour le reste de l'année.

18. Épouse de Charles Du Bos.

19. EW à BB, 21 février 1920.

20. Henri de Régnier, *Les Cahiers inédits*, David J. Niederaurer et François Renoliet, Watelet, 2002 (518).

21. Archives notariales de l'étude de Me Boudry à Hyères.

22. EW à Mary Cadwalader Jones, 26 décembre 1920.

23. Villa des Berenson en Italie.

24. EW à BB, 21 février 1920.

25. Cité dans Dwight, *Edith Wharton, An extraordinary Life* (241).

26. Charles Quest-Ritson, *The English Garden Abroad* (23).

27. EW in Mrs Philip Martineau, *Gardening in Sunny Land* (Introduction).

28. Paul Nabonnand, fameux rosiériste. Une rose rouge vif porte son nom.

29. EW à Beatrix Ferrand, mars 1920.

30. Pour les travaux qui suivent : archives notariales de Me Christophe Boudry, additif au contrat de location du 6 mars 1920.

31. EW, préface à un recueil de nouvelles intitulé *Ghosts.*

32. Propriétaire de la villa voisine du Plantier.

33. Jeune et jolie divorcée d'une trentaine d'années, qui habite la villa Joseph à Hyères et dont Edith Wharton s'est entichée.

34. Alfred de Saint-André, une de ses vieilles connaissances parisiennes.

35. EW à BB, 23 mai 1920.

36. EW à BB, 12 décembre 1920 et pour le passage qui suit.

37. D'après le catalogue de la vente publique, Toulon, le 20 novembre 1941.

38. Gaillard Lapsley, spécialiste d'histoire médiévale anglaise ; professeur à Trinty College à Cambridge. Un des proches d'Edith Wharton.

39. EW à BB, 12 décembre 1920.

40. EW à Mary Cadwalader Jones, Sainte-Claire, 26 décembre 1920.

41. Mrs Philip Martineau, *op. cit.* (introduction).

42. *Idem* note 40, ainsi que pour la citation.

43. Edmond Jaloux, critique littéraire et romancier. *L'Esprit des livres,* 1923 ; *Ô toi que j'eusse aimée*, 1927. Dans ses romans, concilie le pittoresque et le symbole, le réalisme et le romantisme, le lyrisme et la précision.

44. MB, agenda 1921 et pour toute l'année.

45. Lady Sybil qui reçoit dans sa maison de Londres tout le gotha littéraire (dont Paul Valéry).

46. Henry Bordeaux, *La Chartreuse du reposoir*, 1924 ; *La Vie au théâtre*, 4 vol., 1907-1919. Il signale lui-même sa visite au Plantier dans

le chapitre de l'ouvrage *Paul Bourget* publié à l'occasion de son jubilé littéraire (1923) et intitulé : « M. Paul Bourget au Plantier de Costebelle ».

47. Née Jenny Fabre-Luce, épouse de l'ambassadeur Roland de Margerie.

48. Tiennent le consulat des États-Unis à Marseille.

49. W. M. F. Petries, *The Pyramids and Temples of Gizeh*, exemplaire retrouvé dans la bibliothèque de Robert Norton à Hyères.

50. EW à BB, 21 février 1922.

51. Appartient au groupe des amis proches d'Edith Wharton.

52. EW à BB, 7 juin 1921.

53. Lewis, *op. cit.* (441).

54. Jean-Louis Vaudoyer (1883-1963), poète et romancier en vogue.

55. Louis Gillet (1876-1943), académicien, traducteur, critique littéraire et historien.

56. EW à MF, 12 juin 1921.

57. Ouvrage paru en 1923.

58. Le 19 octobre 1922.

59. MB, agenda 1922 et pour toute l'année.

60. Robert-Georges Nivelle (1856-1924) dont l'action militaire fut fortement contestée pendant la guerre.

61. André Suarez (1868-1948). Écrivain français, auteur prolixe d'essais et de récits.

62. Mme de Prévaux est la fille de Daniel Ollivier.

63. Ceux-là même que Mrs Philip Martineau décrira bientôt dans *Gardening in Sunny Lands.*

64. Voir la description des jardins du château de Garoupe à la fois chez Mrs Philip Martineau et chez Charles Quest-Ritson.

65. Mrs Philip Martineau, *op. cit.* (164).

66. *Idem* (178).

67. Belle-sœur d'Edith Wharton avec qui elle a gardé des liens durables (encore appelée : « l'autre Minnie »).

68. Cité dans Lewis, *op. cit.* (447).

69. EW à Beatrix Ferrand, 12 décembre 1922.

70. EW, *idem.*

71. Raymond Recouly, écrivain qu'Edith Wharton avait rencontré pendant la guerre.

72. Herminie de Rohan qui tient à Paris, boulevard des Invalides, un salon très couru.

73. Il s'agit en vérité du boulevard de la Pierre-Glissante. Le boulevard Marie-Louise (désormais avenue Edith-Wharton !) commençait plus haut.

74. EW, le 15 janvier 1923, dans Odile Jacquemin et Catherine Berro, *Territoires littéraires des Îles et de la ville.*

75. Bessie Lodge, jolie veuve américaine au destin tragique ; amie de toujours d'Edith Wharton.

76. MB, agenda 1923 et pour le reste de l'année.

77. Mrs Philip Martineau, *op. cit.* (18).

78. *Idem* (15).

79. *Idem.*

80. Érudite, épouse de Grant La Farge, architecte et belle-fille du peintre John La Fargse.

81. Peintre et portraitiste.

82. EW à BB, 19 mai 1923.

83. PB, agenda 1923.

84. À l'occasion de la Décade de Pontigny.

85. Personnage cultivé, représentant de la vieille culture anglaise. Auteur de *Eminent Victorians* (1918).

86. Charles Du Bos, *Journal 1922-1923* (285).

87. Mary Duclaux, critique littéraire, vient de publier aux « Cahiers verts » un essai sur Robert Browning.

88. Charles Du Bos, *op. cit.* (287).

89. Jacques de Lacretelle, romancier et essayiste français.

90. PB, agenda 1923.

91. MB, agenda 1924, et pour le reste de l'année.

92. PB, agenda 1924, et pour le reste de l'année.

93. Couple américain, expatriés en France, amis proches d'Edith Wharton. Lui est le peintre Walter Gay.

94. Francis Carco (1886-1958). Écrivain français, évocateur des mauvais garçons et de la bohème artiste (*Jésus la Caille*).

95. EW à Minnie Jones, 19 octobre 1924.

96. Cité dans Hermione Lee, *Edith Wharton* (560).

97. *Idem.*

98. Cité dans Dwight, *op. cit.* (247).

99. MB, agenda 1920.

100. PB, agenda 1924.

101. Baronne Renée de Brimont, petite-nièce de Lamartine, amie de Nathalie Barney et de Paul Valéry.

102. Célèbre abbé parisien, confesseur de toutes ces dames du Faubourg Saint-Germain.

103. William Gerhardi (1895-1977), romancier anglais auteur de *Futility* et de *The Polyglots.*

104. EW à BB, 15 janvier 1924.

105. Appartient au personnel d'Edith Wharton.

106. Madeleine de Saint-René Taillandier, femme cultivée et discrète dont Edith fait la connaissance par l'intermédiaire des Bourget et qui deviendra une amie proche.

107. MB, agenda 1925 et pour le reste de l'année.

108. Vernon Lee (Violet Paget, 1856-1935), spécialiste de l'histoire italienne et critique d'art.

109. Baron et baronne Elie Berckheim qui résident à Massacan, à côté de Saint-Raphaël.

110. Sinclair Lewis (1885-1951), auteur de *Main Street* et de *Babbitt.*

111. Sally Norton, femme cultivée et distinguée, amie de toujours d'Edith Wharton (décédée en 1922.)

112. Carlo Placci, collectionneur d'art.

113. Étienne et Édith de Beaumont, grands amateurs d'art.

114. MB, agenda pour l'année 1926.

115. PB, agenda 1926, et pour le reste de l'année.

116. Alice et John Garrett. Il appartient au corps diplomatique américain et a été en poste à Paris pendant la guerre.

117. Geoffrey Scott (1883-1929), esthète et critique, auteur de *The Architecture of Humanism*.

Les Furies

1. Lettre à M. le maire d'Hyères du 27 novembre 1926. Odile Jacquemin & Catherine Berro, *op. cit.*

2. EW à Gaillard Lapsey, 28 novembre 1926.

3. W. Gerhardi, *Memoirs of a Polyglot* (289).

4. Édouard Bourdet (1887-1945), auteur dramatique français, *Le Sexe faible*, *Les Temps difficiles*.

5. W. Gerhardi, *op. cit.* (291).

6. EW à Minnie Jones, 25 janvier 1927.

7. Archives notariales, étude de Me Boudry à Hyères.

8. Cité par Dwight, *op. cit.* (240).

9. EW à John Hugh Smith et Gaillard Lapsley, 12 octobre 1927.

10. Archives Léon Bélugou.

11. Lewis, *op. cit.* (487).

12. Cité par Hermione Lee, *op. cit.* (562-563).

13. Cité par Dwight, *op. cit.* (249).

14. Gaillard Lapsley *in* PL, *op. cit.* (183).

15. EW à Elisina Tyler, 1er janvier 1930.

16. Lewis, *op. cit.* (494).

17. Bronislaw Malinowski, anthropologue et ethnologue britannique.

18. Kenneth Clark, historien d'art britannique, élève de Berenson.

19. Officier colonial anglais qu'elle avait rencontré pendant sa croisière de 1926.

20. Ancien ambassadeur en Turquie et résident sur la Côte.

21. EW à Gaillard Lapsley, Sainte-Claire, 3 avril 1931.

22. Wanda Landowska, claveciniste.

23. Georges Auric, compositeur français du Groupe des Six.

24. EW à BB, Sainte-Claire, 17 janvier 1932.

25. *Idem*, 23 janvier 1932.

26. EW à Gaillard Lapsley, 3 avril 1931 ; EW à BB, 23 janvier 1932.

27. Cité par Lewis, *op. cit.* (513/514).

28. EW à M. le maire d'Hyères, 30 décembre 1934. Odile Jacquemin & Catherine Berro, *op. cit.*

29. Bélugou à EW, 30 avril 1912. *Lettres à l'ami français* (78).

30. Interview de Mme Saint-René Taillandier. PL, *op. cit.* (161).

31. R.D. Norton, *Poems and Translations*, London, The Medici Society, sd (1929).

32. Valéry à Norton, Naples 16 septembre 1929.

33. PL, *op. cit.* (180).

34. *Idem* (187).

35. Cité par Hermione Lee, *op. cit.* (611).

36. *Idem* (699).

37. *Eternal Passion in English Poetry*, préface d'Edith Wharton.

38. PL, *op. cit.* (188).

39. *Twelve Poems*, 1926 (3). « Rossignols de Provence — Tombant comme la rosée / Ils apportent à travers le pays / Musique et printemps, / Lorsque tout sous le pied fleure bon / Le long des chemins de montagnes / Au flanc de pentes vertes / À travers tamaris et pins, jusqu'à la mer — / Là où, parmi le thym et la lavande / Bourdonnent les abeilles. »

40. Lewis, *op. cit.* (532).

41. Archives notariales, étude de Me Boudry, Hyères.

42. *Idem.*

43. Archives départementales du Var, matrices cadastrales.

44. *Idem* note 40.

45. Catalogue de la vente. Médiathèque d'Hyères, fonds ancien.

46. Le poète Saint-John Perse en deviendra le propriétaire en 1957.

Plate ou gazeuse ?

1. Dickens, chapitre de *Martin Chuzzlewit.*

2. Titre de roman inspiré de Ralph Waldo Emerson : *Give All to Love.*

3. Voir Edith Wharton, *Lettres à l'ami français.* « C'est vous ! » ajoute Wharton de sa main, en guise de commentaire ironique à l'adresse de son correspondant.

4. Voir le document photographique.

5. Edith Wharton, préface à *Ghosts.*

6. Joseph Conrad, *Cœur des ténèbres*, traduction Claudine Lesage, Éditions des Équateurs, Paris, 2009.

Bibliographie

Sources et archives

Carnets Paul et Minnie Bourget, Bibliothèque Fels, Institut catholique, Paris.

Archives de la Beinecke Librairy, New Haven, USA.

Fonds Léon Bélugou, archives Claudine Lesage.

Archives notariales, étude de Maître Boudry, Hyères.

Médiathèque d'Hyères, fonds ancien.

Archives départementales du Var.

Bibliothèque Robert Norton, fonds Paul Valéry.

Biographies et correspondances

Percy Lubbock, *Portrait of Edith Wharton*, Appleton-Century Company, New York & London, 1947.

R.W.B. Lewis, *Edith Wharton, A biography*, Harper & Row, New York, London, 1975.

The Letters of Edith Wharton, Macmillan International, New York, 1988.

Eleanor Dwight, *Edith Wharton, An Extraordinary Life*, Harris N. Abrams, 1994.

Edith Wharton, *Lettres à l'ami français*. Correspondance établie et présentée par Claudine Lesage, Michel Houdiard, Paris, 2001.

Hermione Lee, *Edith Wharton*, Alfred A. Knof, New York, 2007.

Les jardins

Mrs Philip Martineau, *Gardening in Sunny Lands*, Appleton, New York, 1924.

Charles Quest-Ritson, *The English Gardens Abroad*, Viking, 1992.

Autres

Paul Bourget, *Outre-mer, impressions d'Amérique*,

Edith Wharton, *A Backward Glance*, Appleton, New York, London, 1936.

La Revue hebdomadaire, « Souvenir du Bourget d'Outre-mer », Plon, Paris, 20 juin 1936.

Edith Wharton & Robert Norton, *Eternal Passion in English Poetry*, Appleton, New York & London, 1929.

Charles Du Bos, *Journal 1921-1923*, Corrêa, Paris, 1946.

Lucien Corpechot, *Souvenirs d'un journaliste*, Plon, Paris, 1937.

André Gide, *Journal d'André Gide*, Bibliothèque de la Pléiade, Paris, 1948.

E.K. Brown, *Edith Wharton, Étude critique*, Droz, Paris, 1935.

Michel Jarrety, *Paul Valéry*, Fayard, Paris, 2008.

William Gerhardi, *Memoirs of a Polyglot*, Duckworth, London, 1925.

Index

Achevé d'imprimer
sur Roto-Page
par l'Imprimerie Floch à Mayenne
en mars 2011.
Dépôt légal : mars 2011.
Numéro d'éditeur : 140.
Numéro d'imprimeur : 79168.

ISBN 978-2-84990-180-9 / Imprimé en France.